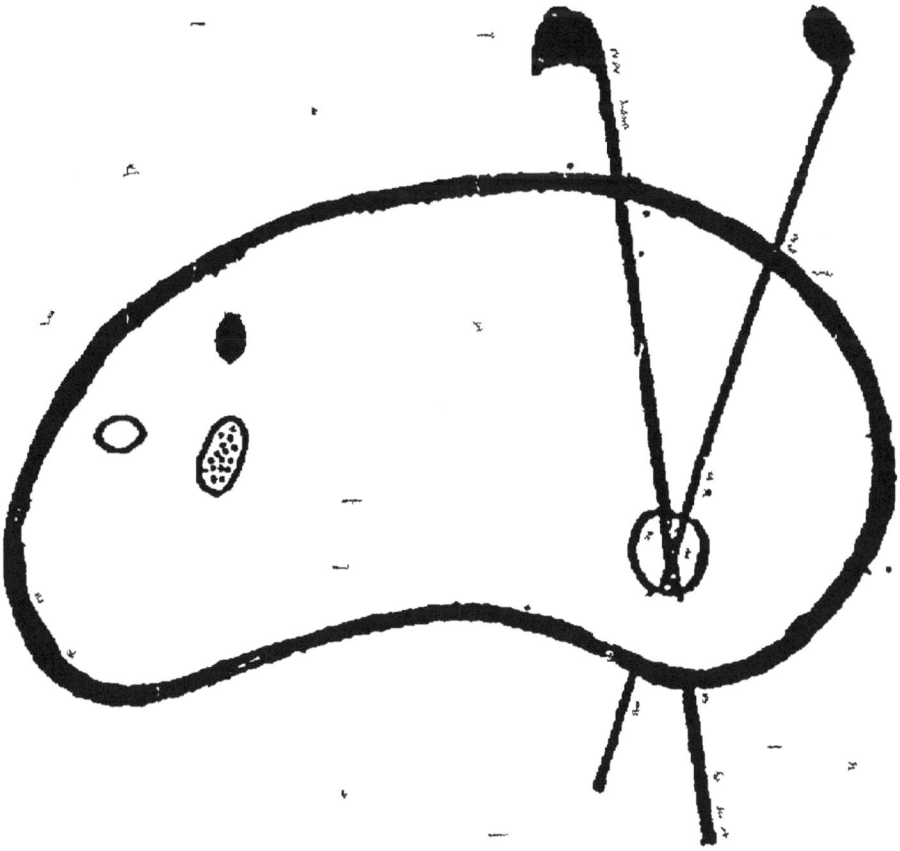

DEBUT D'UNE SERIE DE DOCUMENTS
EN COULEUR

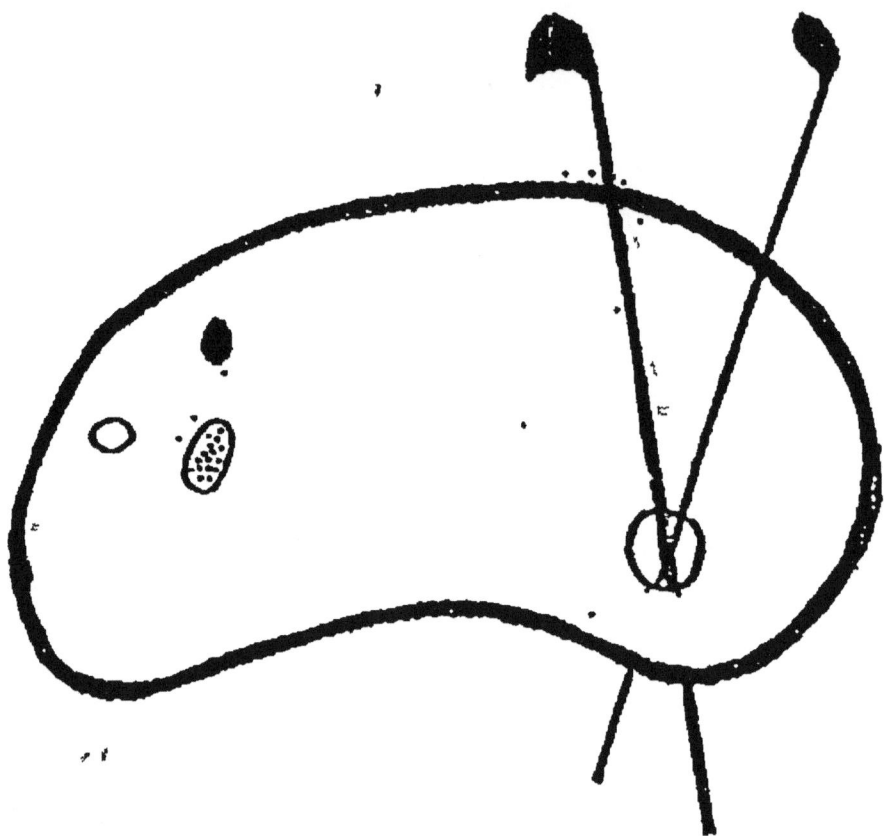

FIN D'UNE SERIE DE DOCUMENTS
EN COULEUR

LE LIVRE

DES

ORACLES

LIVRE DES ORACLES

LE LIVRE

DES

ORACLES

OU

LES SECRETS DE LA DESTINÉE

UNIVERSELLE

RÉVÉLÉS PAR

LES DIEUX, DÉESSES, HÉROS ET PERSONNAGES
FAMEUX DE L'ANTIQUITÉ

RECUEILLIS PAR

ALBERTUS MERLIN

Docteur ès sciences divinatoires.

609

PARIS

CHEZ LES MARCHANDS DE NOUVEAUTÉS

PARIS. — IMPRIMERIE CHARLES BLOT, RUE BLEUE, 7.

AVANT-PROPOS

L'auteur d'un recueil analogue à celui que nous publions aujourd'hui s'exprimait ainsi, dans sa préface, il y a environ deux siècles et demi :

« La curiosité de savoir les choses cachées et celles de l'avenir est si naturelle à chacun, que chacun court avec ardeur aux astrologues, aux faiseurs d'horoscopes, aux physionomistes, à ceux qui devinent sur les nombres, sur les lettres de noms et surnoms, et sur les lignes de la main ; et encore qu'ils sachent fort bien

que ces sciences sont trompeuses, et que la
plupart de ceux qui s'y disent savants sont des
fourbes et des flatteurs, qui cherchent à tirer
profit de la faiblesse des hommes, pourtant ils
ne laissent pas de s'y complaire et, prenant
plaisir d'être trompés, ils ont le cœur content,
et le visage gai et épanoui, lorsque ces cajo-
leurs leur font espérer quelque événement
heureux; et, tout au contraire, ils deviennent
tristes, lorsqu'on leur prédit quelque désastre et
quelque infortune. Il en est de même des réponses qui se trouvent dans ce livre, dans le
hasard desquelles j'oserai dire qu'il se peut
rencontrer des choses aussi véritables qu'en
tout ce que peuvent prédire les meilleurs devins qui soient au monde....

« Ces oracles ne doivent fâcher personne;
il faut les prendre pour s'amuser, pour se
divertir en compagnie, et non pour y faire un
fondement certain.

« Ce ne sont pas les secrets de la Providence
divine ni les arrêts de notre prédestination;

lesquels ne peuvent être connus que de Dieu, qui seul voit et sait les choses à venir, et qui les fait tomber à leur point, selon sa volonté, par des ressorts et des moyens admirables, qui sont inconnus à l'esprit de l'homme. C'est lui qui, par son pouvoir incompréhensible, fait mouvoir la grande sphère, et donne plus de joie aux uns qu'aux autres.

« Il est le maître absolu de notre destinée; et notre sagesse n'est devant lui qu'une pure folie; il est le tout-puissant, et en nous il n'y a que faiblesse et confusion. »

Or, ce que disait notre devancier en son naïf et vieux style, nous semble assez bien dit et assez bien approprié au point de vue sous lequel nous nous sommes placé, quand nous avons voulu publier le présent travail, pour ne pas croire qu'il nous soit utile de chercher à exposer en d'autres termes des pensées qui sont absolument les nôtres.

Qu'on ouvre donc ce livre pour s'amuser, et

qu'on ne s'étonne pas si le hasard y fait souvent œuvre de devin inspiré; car il est bien reconnu aujourd'hui que les plus fameux devins ne durent jamais la réussite de leurs oracles qu'aux heureuses combinaisons du hasard.

Toutefois, après avoir rédigé ce Recueil destiné à la distraction, nous avons voulu que, comme compensation à son caractère essentiellement divertissant, il portât avec lui une sorte d'utilité instructive. C'est pourquoi, en groupant les réponses de nos fantaisistes oracles, l'idée nous est venue de placer chacun de ces groupes sous l'invocation d'une des personnalités mythologiques des temps anciens.

Ainsi, — avons-nous pensé, — renaîtra pour l'esprit de nos lecteurs ce monde d'ingénieuses, de gracieuses, d'imposantes fictions, qui pendant tant de siècles ont concentré sur elles l'ensemble des croyances humaines, et qui, en tant que monument élevé par l'imagination

ou les aspirations des peuples, méritent d'é-
chapper à l'oubli, dans lequel notre époque po-
sitive et dédaigneuse semble vouloir les laisser
disparaître.

Ceci dit, pour qu'il n'y ait point méprise sur
la portée et l'esprit de notre Recueil, vienne à
nous la fantaisie, viennent surtout les surpre-
nantes coïncidences du hasard; et nous croi-
rons, sous l'apparence d'un labeur futile, avoir
cependant accompli une œuvre relativement
bonne, puisque, sans faire appel à aucune
passion mauvaise, sans flatter aucun instinct
condamnable, nous aurons assuré à un certain
nombre de nos contemporains quelques instants d'agréable délassement.

INSTRUCTIONS

I

On devra d'abord chercher, dans la table des questions, celle que l'on croit devoir adresser à l'oracle,
et retenir le nombre fatidique dont elle est suivie;
puis..., — mais ici ouvrons une parenthèse :

Avons-nous besoin de faire observer que si un
grand nombre des questions que contient cette table
sont conçues de telle manière qu'elles peuvent indifféremment convenir à des personnes des deux
sexes, il s'en trouve beaucoup qui ont un caractère
particulier et exclusif?

Il est, par exemple, de toute évidence qu'un jeune
homme ou une demoiselle, un homme mûr ou une
dame âgée, pourront également adresser à l'oracle
la question : *Trouverai-je quelque trésor?* ou la question : *Comment faire taire les médisants?* Mais il tombe

de même sous le sens qu'un questionneur du sexe masculin ne choisira pas la question : *Serai-je bientôt mère?* ni la question : *Resterai-je longtemps veuve?* Tandis qu'une demoiselle ou une dame ne s'arrêtera point à la question : *Viendra-t-elle au rendez-vous?* ni à la question : *Me trouve-t-elle beau garçon?*

—Voulant donner à ce Recueil un véritable caractère d'universalité, nous avons dû introduire dans les formules du questionnaire cette variété qui en rend les applications plus directes, plus intéressantes, certain d'avance que notre oracle trouverait dans l'intelligence de sa clientèle les premiers éléments qui doivent assurer la justesse et l'à-propos de ses réponses, — nous pourrions dire de ses sentences.

Une question choisie, et le chiffre qui la suit étant retenu, on ouvrira le livre à la suite de la table des questions, où se trouvent deux échiquiers chiffrés, portant le titre de *Tables du destin*. Et, soit avec une épingle, soit avec un objet pointu quelconque, on piquera au hasard, en fermant les yeux, sur l'une des deux tables : et l'on prendra le numéro sur lequel on aura piqué, pour en ajouter la valeur à celui du nombre fatidique placé à la suite de la question.

Ces deux chiffres additionnés, — addition qui pourra toujours s'effectuer de tête, car elle ne fera jamais ajouter plus de dix au premier nombre, — on aura le numéro de l'oracle, ou groupe de réponses, dans lequel on devra prendre celle qui correspond au numéro piqué sur la table du destin.

Mais si simple que puisse être ce mécanisme, et si claire que nous en semble la démonstration, des exemples doivent en rendre l'usage plus facile. Prenons donc quelques exemples.

II

Ier EXEMPLE. Une jeune personne a choisi la question *Pense-t-il à moi?* qui correspond au nombre fatidique 20. — Armée d'une épingle, ou avec la pointe de ses ciseaux, elle interroge, les yeux fermés, une des tables du destin. La pointe tombe, — supposons-nous, — sur le numéro 4 (pour le cas où l'on piquerait 0 (zéro), voir plus bas, § III). — La questionneuse dira donc, 20 et 4 font 24 : c'est par conséquent à l'oracle 24, sous l'invocation d'Oreste, et en regard du chiffre 4 (qu'on a piqué sur la table du destin), que se trouve la réponse.

Cette réponse est : *Pas du tout : il n'a jamais perdu une minute à ces pensées-là.*

En vérité, la jeune personne ne devra pas se réjouir beaucoup du succès de sa question, si tant est qu'il lui eût convenu que l'on pensât à elle. Mais elle n'a qu'à s'incliner, car tel est le prononcé de l'oracle, qui voit tout, qui sait tout, qui ne se trompe jamais, jamais !

II⁰ EXEMPLE. Un futur mari demande : *Serai-je heureux en ménage ?* question dont le nombre fatidique est 49. — Il pique sur la table du destin, sa main tombe au numéro 9 ; — il dit donc, 49 et 9 font 58. — C'est, en conséquence, à l'oracle 58, placé sous le vocable d'Hélène, et après le numéro 9 de cet oracle, qu'il trouvera la réponse à sa demande : *Heureux au début, heureux ensuite, heureux toujours.*

Voilà, certes, un mortel favorisé, qui ne doit pas hésiter à conclure une alliance au sein de laquelle tant de félicités l'attendent.

Nous ne pensons pas devoir multiplier ces démonstrations, que quelques minutes de pratique rendront d'ailleurs parfaitement superflues.

Deux observations importantes cependant.

III

Il arrivera nécessairement que les questionneurs, en piquant sur les tables du destin, tomberont sur un 0 (zéro). Or, le zéro étant un chiffre nul par lui-même, cela signifiera qu'il n'y a rien à ajouter au nombre fatidique de la question, et que, selon la combinaison ordinaire, la réponse se trouvera dans l'oracle indiqué, à la suite du zéro.

EXEMPLE. J'ai choisi la question : *Que dois-je faire pour être heureux ?* nombre fatidique 61. — Sur la table du destin, mon épingle a rencontré un 0 (zéro). — Donc, rien à ajouter au nombre fatidique de la question; en conséquence, je vais directement à l'oracle 61 (oracle de Phaéton), et là, à la suite du 0, je trouve la réponse : *Croire que tu l'es : c'est le meilleur, et peut-être le seul moyen de l'être.*

IV

Dernière remarque.

Dans le cas, assez rare, où le chiffre de la question, joint à celui qu'on aura piqué sur la table du destin, donnerait un total dépassant 100 (nombre au delà duquel ne s'étend pas la puissance de notre cercle divinatoire), on ne devrait retenir, comme chiffre indicateur de l'oracle, que l'excédant de ce même nombre.

EXEMPLE. Question choisie : *Serai-je longtemps belle?* nombre fatidique, 99. Nous avons piqué sur la table du destin le chiffre 7. — 99 et 7 font 106, — c'est donc un excédant de 6 sur le nombre extrême 100. Alors c'est dans l'oracle 6, et à la suite du chiffre piqué 7 que se trouvera la réponse : *Oui, pour les aveugles.*

V

Et maintenant, questionneurs et questionneuses, les champs de la destinée vous sont largement ouverts. Les dieux, les déesses, les héros, fameux dans la vénération, dans l'admiration ou dans la terreur des anciens peuples, vous offrent le secours de leur sagacité, de leur pénétration céleste ou infernale. Interrogez, obsédez l'oracle; il ne tient qu'à vous que tous les voiles de l'avenir soient écartés.

TABLE

TABLES DU DESTIN

8	6	4	2	0	9	7	5	3	1
7	5	3	1	10	8	6	4	2	0
6	4	2	0	9	7	5	3	1	10
5	3	1	10	8	6	4	2	0	9
4	2	0	9	7	5	3	1	10	8
3	1	10	8	6	4	2	0	9	7
2	0	9	7	5	3	1	10	8	6
1	10	8	6	4	2	0	9	7	5
0	9	7	5	3	1	10	8	6	4
10	8	6	4	2	0	9	7	5	3
9	7	5	3	1	10	8	6	4	2
8	6	4	2	0	9	7	5	3	1
7	5	3	1	10	8	6	4	2	0

TABLES DU DESTIN

8	6	4	2	0	9	7	5	3	1
7	5	3	1	10	8	6	4	2	0
6	4	2	0	9	7	5	3	1	10
5	3	1	10	8	6	4	2	0	9
4	2	0	9	7	5	3	1	10	8
3	1	10	8	6	4	2	0	9	7
2	0	9	7	5	3	1	10	8	6
1	10	8	6	4	2	0	9	7	5
0	9	7	5	3	1	10	8	6	4
10	8	6	4	2	0	9	7	5	3
9	7	5	3	1	10	8	6	4	2
8	6	4	2	0	9	7	5	3	1
7	5	3	1	10	8	6	4	2	0

LE LIVRE
DES ORACLES

1

ORACLE DE JUPITER

Jupiter, fils de Saturne et de Rhéa, aidé de ses frères Neptune et Pluton, détrôna son père et devint maître de l'Olympe. On l'appelait le père, le souverain des dieux et des hommes. Il eut trois oracles fameux, celui de la forêt de Dodone, celui de l'antre de Trophonius, et celui de Lybie, où il était adoré sous le nom d'Ammon.

0. Trop tôt pour celle que tu dois épouser

1. Prépare-toi à bien des tribulations... sans qu'il y ait rien de leur faute pourtant.

2. Ta beauté est de celles qui ne sauraient se flétrir.

3. Douze d'un premier mariage, et quelques autres encore d'un second.

4. Les mauvais ouvriers s'étonnent toujours de ne pas faire de bon travail.

5. C'est selon comment tu te conduiras au retour d'âge.

3

6. Va dans ta voie, et ne cours pas deux lièvres à la fois.

7. Elle n'y trouve pas assez de confortable.

8. Dis oui, le plus tôt possible; car tu regretterais bientôt d'avoir dit non.

9. Avec un peu d'ardeur, tu le pourrais;... mais l'ardeur te manque.

10. En lui faisant bonne mine quand il y rentre,

2

ORACLE DE JUNON

Junon, fille de Saturne, et femme de Jupiter, était honorée sous divers noms, comme la reine des dieux, la déesse des royaumes. Maintes fois trompée par son époux, et d'une jalousie extrême, il n'est guère de moyen qu'elle n'employât pour se venger sur les femmes que Jupiter aimait, ou sur les enfants nés de ces amours. Elle présidait aux mariages et aux accouchements.

0. Pas aussitôt que tu le désires.

1. Plus tôt que tu ne penses.

2. Tu les élèves trop mal pour cela.

3. Tu crois donc l'être ?

4. Une demi-douzaine, tous plus désagréables les uns que les autres.

5. Vous le saviez bien, ou tout au moins, l'un de vous deux pourrait le savoir.

6. Cela dépendra de toi.

7. Tu n'as pas besoin d'y arriver. On peut être heureux sans cela.

8. Elle fait semblant, pour que tu ne craignes pas de la laisser seule.

9. Oui, et sois galant avec la commère, quel que soit son âge ou sa beauté. Tu verras plus tard.

10. Jusqu'au dernier centime ; mais ce ne sera pas sans ennuis.

3

ORACLE DE VÉNUS

Vénus est une des divinités les plus célèbres de l'antiquité païenne. Selon les uns elle fut formée de l'écume de la mer, selon les autres elle était fille de Jupiter et de Dionce. Les fleurs naissaient sous ses pas ; accompagnée de Cupidon, son fils, des jeux, des ris, elle fit également le bonheur des hommes et des dieux.

0. Mon Dieu, ce ne sera pas la première où tu seras allée, et cette fois tu ne courras pas de plus grand risque que les autres.

1. Avant peu, cela se décidera définitivement.

2. Plus tôt qu'il ne faudrait.

3. En vérité, ce serait trop de bonheur pour toi, qui

t'es si peu inquiété d'en procurer à ta famille.

4. Aussi longtemps que tu sauras te faire aimer.

5. Un fils unique qui sera le glorieux soutien de ta vieillesse.

6. Parce que vous en feriez de trop piètres sujets.

7. Oui, si tu ne fais plus les imprudences que tu as déjà faites.

8. Pourquoi me demandes-tu cela? Tu sais bien que tu arriveras sans peine.

9. Plus particulièrement pendant ton absence.

10. Je n'aime pas ces parrainages-là.

4

ORACLE D'APOLLON

Apollon, fils de Jupiter et de Latone, était regardé comme le dieu de la poésie, de l'éloquence, de la musique. Il présidait aux concerts des Muses, ses neuf sœurs. Chargé par Jupiter de répandre la lumière dans l'univers, il conduisait, sous le nom de Phœbus, le char du Soleil. Apollon rendait ses oracles dans les fameux temples de Delphes, Claros, Ténédos, etc.

0. Pas si bête; elle sait bien qu'elle serait ta dupe.

1. Vas-y si tu veux, c'est-à-dire si tu n'as peur de rien.

2. Prends patience, rien ne presse : tu n'es pas mûre.

3. Il te tarde donc bien d'avoir des regrets ?

4. Tu n'auras qu'à te louer d'eux.

5. Place la beauté dans ton cœur, et peu t'impor-
   tera la durée de celle du visage.

6. Deux garçons qui seront ton portrait à double
   exemplaire.

7. Parce que vous seriez trop fiers d'en avoir.

8. Tu deviendras aussi vieux que les plus vieux de
   ta famille.

9. En ne dépensant mal à propos ni un sou, ni une
   heure.

10. Il faut bien qu'elle s'y plaise : c'est du moins
    ainsi que tu penses, égoïste.

5

ORACLE DE CYBÈLE

Cybèle ou Rhéa, épouse de Saturne, fut appelée la mère de
dieux pour avoir donné naissance à Jupiter, Junon, à Neptune et
à la plupart des dieux du premier rang. Le culte de Cybèle était
surtout célèbre en Phrygie, où elle rendait ses oracles dans le
temple de Pessinunte.

0. Moi, je préférerais la brune, mais la blonde a
   bien ses petites qualités.

1. Eh! pourquoi faire, mon Dieu! quelle figure es-tu capable d'avoir à un rendez-vous?

2. Garde-t'en bien. Tu es perdue si tu y vas.

3. Bientôt, pour le malheur de celui que tu dois épouser.

4. Choisis d'abord, et tu feras ta question ensuite.

5. Pas de tous. Compte sur l'aîné,... mais non sur les autres.

6. Pas aussi longtemps qu'on te le laissera croire.

7. A rendre honteuse la mère Gigogne.

8. C'est la faute au mari. Il faut que jeunesse se paye.

9. Compte combien tu as de poils de sourcils, et ce sera le nombre des mois qui te restent à vivre.

10. Ta fortune est assurée, quoi que tu fasses.

6

ORACLE DE VESTA

Vesta, fille de Saturne et de Rhéa, était la déesse du feu. Elle devint une divinité si considérable, que celui qui ne lui sacrifiait pas était considéré comme un impie. Numa Pompilius lui fit bâtir à Rome un temple où les vestales entretenaient le feu sacré

0. Il faut se méfier des blonds... un peu moins que des bruns.

1. Ah! méfie-toi de la blonde; c'est un charmant petit serpent qui ne cherche qu'une victime.

2. Oui, pardienne! mais elle s'en ira comme elle sera venue : car ce n'est pas par l'audace que tu brilles. — -

3. Tu brûles d'y aller, et tu iras, — malgré toi, peut-être, — mais tu iras.

4. Eh! qui voudrait d'une libertine de ton es-pèce?

5. Te crois-tu donc apte au mariage? Examine-toi bien, et tu comprendras que non.

6. Le dernier te consolera des chagrins dus au premier.

7. Oui, pour les aveugles.

8. Une troupe, qui fera ta joie, et à qui tu devras bien de bonnes heures.

9. Pourquoi madame est-elle si volcanique?

10. Raisonnablement.

7

ORACLE DE CIRCÈ

Sœur de Pasiphaé, fille du Soleil et de la nymphe Persa, Circé était une célèbre magicienne qui, par ses enchantements, pouvait métamorphoser les hommes en toutes sortes d'animaux ; ce fut ce qui arriva aux compagnons d'Ulysse quand ils abordèrent dans l'île qu'elle habitait.

0. Oui, si tu veux être la plus magnifique dupe du monde.

1. Le brun est perfide ; le blond ne sera qu'indifférent.

2. La brune... si tu n'es pas fou de la blonde.

3. Oui, mais tu ne sauras pas en profiter.

4. Ah! que tu voudrais donc y être déjà !

5. Non, car on sait bien, on sait trop le sort que tu promets à un mari.

6. Oui, bientôt pour la plus grande joie... et ensuite pour la plus grande déception de quelqu'un.

7. Tu récolteras ce que tu auras su semer.

8. Tu espères donc le devenir?

9. Pas un seul. Tu n'es pas de nature à empêcher le monde de finir.

10. J'imagine que vous ne faites rien pour cela : changez de système.

-8

ORACLE DE MINERVE

Jupiter, se sentant un jour pris d'un violent mal de tête, se fit donner un coup de hache ou de marteau par Vulcain. Minerve sortit tout armée du cerveau du maître des dieux, fut regardée comme déesse des arts, de la sagesse, de la guerre. Elle était particulièrement honorée par les Athéniens, chez qui elle avait un temple magnifique.

0. Ils ont dû prendre l'habitude de l'être; et ils continueront.

1. Excellente affaire, si tu te hâtes; dans quelques jours elle ne vaudra plus rien.

2. Le blond et le brun se valent : prends, les yeux fermés.

3. Préfère, par goût, la blonde; mais, par raison, prends la brune.

4. Non, et elle aura raison : tu ferais son malheur éternel.

5. Oui, car il ne saura pas profiter de la belle partie que tu lui fais; et tu l'enchaîneras pour toujours.

6. Avant dix ans, tu seras satisfaite... je n'ai pas dit mariée.

7. Tu m'interroges, et tu le sais mieux que moi.

8. On a vu de bons arbres porter de mauvais fruits.

9. N'y compte pas. Les roses sont éphémères

10. Aucun. A moins que tu n'aies recours à des moyens magiques.

9

ORACLE DE SATURNE

Saturne était fils d'Uranus et de Vesta, ou du Ciel et de la Terre. Il eut de sa femme Rhéa plusieurs fils, mais, sachant qu'un d'entre eux devait le détrôner, il les dévorait tous dès leur naissance. Jupiter seul fut sauvé par le stratagème de Rhéa, qui donna à son mari une pierre à dévorer au lieu de l'enfant. Jupiter, devenu grand, chassa du ciel Saturne, qu'il précipita au fond du Tartare.

0. On dit que tu n'aurais pas besoin de t'évertuer à le paraître.

1. Prends garde; il y en a un qui rêve de te tourmenter.

2. Je crois bien; si tu veux faire le bonheur de celui qui te le propose.

3. Préfère le blond, car le brun a le grand défaut de n'avoir point de qualités.

4. Celle que tu voudras; elles se valent.

5. Heureux coquin! prépare toutes tes séductions :
   elle viendra.

6. Je te dirai cela, lorsque tu m'auras assuré que
   tu n'as aucune envie d'agir en dépit de mes
   conseils.

7. Jamais tu n'auras ce bonheur... ou plutôt jamais
   tu ne causeras ce malheur.

8. Jamais assez tôt pour ton désir.

9. Ciel sans nuages.

10. Oui, si tu ne veux jamais aider la nature.

10

ORACLE D'ESCULAPE

Esculape, fils d'Apollon, fut élevé par le centaure Chiron, de qui il apprit la connaissance des plantes et de la médecine. Pluton se plaignant qu'Esculape diminuait par son art la venue des morts aux enfers, Jupiter tua d'un coup de foudre Esculape, pour que son père obtînt ensuite une place dans le ciel.

0. Oui, des gens qui n'ont rien à faire, et qui trouvent cette occupation agréable.

1. Plus que tu ne penses; tu as tant de grâces naturelles!

2. J'ai peur que non; tu es trop sans-gêne avec eux.

3. Dépêche-toi de conclure; affaire d'or.

4. Je me défierais du brun; mais je n'aurais pas grande confiance au blond.

5. La blonde a-t-elle les yeux bruns? préfère alors la brune... si toutefois elle n'a pas les yeux bleus.

6. Non, car elle ira justement à quelque autre au même instant.

7. Je crois bien, puisque tu sais que de cela dépend son bonheur, — du tien, n'en parlons pas.

8. Sous peu, la chose sera conclue.

9. Jamais... non, jamais, quoi que tu fasses.

0. Corrige-les un peu mieux, sans quoi je ne réponds de rien.

11

ORACLE DE PLUTON

Pluton, frère de Jupiter, eut l'empire des enfers, lorsque eut lieu entre les fils de Saturne le partage des États de leur père. Comme il régnait sur les morts, il ne pouvait trouver de femme; mais il enleva Proserpine, fille de Cérès, un jour qu'elle allait puiser de l'eau à la fontaine Aréthuse, et l'épousa.

0. Si tu joins les deux bouts, estime-toi bien heureux.

1. Il y a tant de gens qui ont horreur du mensonge!

2. Affreusement, détestablement aimable.

3. Ils commencent à trouver qu'ils l'ont été déjà beaucoup. Arrose-les de quelques à-compte.

4. Jamais tu n'auras eu pareille aubaine... si tu ne conclus pas; car si tu concluais... quelle attrape!

5. D'un côté, beaucoup de suffisance et peu de valeur, de l'autre, beaucoup de valeur, mais un caractère affreux : choisis.

6. Je ne voudrais ni de l'une ni de l'autre.

7. Attends-la sous l'orme, tu l'attendras longtemps.

8. Malheureuse, que vas-tu faire?

9. J'en ai peur pour toi.

10. Avant deux mois, tu n'auras plus pareille de-
     mande à m'adresser.

42

ORACLE DE FLORE

La beauté de Flore lui ayant attiré les regards de Zéphyre, elle
voulut éviter ses poursuites; mais, plus léger qu'elle, il l'atteignit,
l'enleva, lui donna pour douaire l'empire des fleurs et lui assura
une jeunesse éternelle.

0. Celui qui a soufflé la bougie le soir des noces.
     Cela ne manque jamais, d'ailleurs.

1. Une véritable fortune... que tu ne sauras pas
     mettre en lieu sûr.

2. On dit ce que tu mérites; il dépend de toi qu'il
     en soit autrement.

3. Oui, mais tu devrais avoir plus de modestie.

4. Oui, si tu leur montres un peu de bonne volonté.

5. Non, garde-t'en bien! c'est une affaire détes-
     table.

6. Le blond vaut mieux sans valoir beaucoup.

7. A ton choix : tu n'es exposé à aucun mal ni avec
     l'une ni avec l'autre.

8. Elle se moque de toi, et elle fait bien.

9. Je t'engage à réfléchir un peu, et tu verras que non.

10. Il en est question à ton insu, sans que tu t'en doutes.

13

ORACLE DE LATONE

Latone, ayant été aimée et séduite par Jupiter, fut haïe de la jalouse Junon, qui la fit poursuivre par le serpent Python, jusqu'au moment où Neptune, par pitié, fit sortir de la mer l'île de Délos, où elle se réfugia et mit au monde Apollon et Diane.

0. Si tu le demandes, c'est que tu meurs d'envie qu'il en soit autrement.

1. Tous deux le même jour, à la même heure, à la même minute.

2. Comme le serpent qui mord sa queue, tu joindras les deux bouts.

3. Crois-tu donc qu'on puisse dire du bien.

4. Non, certes, et tes efforts t'enlèvent tous tes avantages naturels.

5. Jusqu'à la fin de tes jours, tu les trouveras endurants.

6. Agis comme tu voudras; il n'y a ni grande perte ni grand bénéfice à faire.

7. Quel mauvais sujet que le brun! mais quelle mauvaise foi chez le blond!

8. Prends la blonde... mais tu regretteras peut-être de n'avoir pas pris la brune.

9. Oui, mais un obstacle majeur t'empêchera d'y aller toi-même, et ce sera la brouille perpétuelle.

10. Oh! mon Dieu! un de plus ou un de moins, cela ne tire pas à conséquence.

14

ORACLE DE MARS

Junon, dépitée que Jupiter eût mis au monde Pallas sans elle, allait consulter Océan, lorsque la déesse Flore lui enseigna une fleur sur laquelle il suffisait qu'une femme s'assît pour devenir mère aussitôt. Ainsi naquit Mars, qui fut honoré comme dieu de la guerre et qu'alma Vénus, infidèle à Vulcain.

0. Elle ne sait pas assez qu'elle a besoin d'acquérir encore quelques bonnes qualités.

1. Toujours, pour récompenser ton impatience.

2. Celui qui aime le mieux... pour que l'autre ait le temps de l'apprécier.

3. Bénéfices énormes... si tout va comme à présent; mais un événement imprévu peut tout abîmer.

4. Qui oserait commettre une telle injustice? Tu es si aimable!

5. Encore un peu de prétention, et tu gâteras le peu d'amabilité que tu as.

6. Mon Dieu! ils savent bien que patients ou non avec toi, ce serait la même chose.

7. Conclus, il n'est que temps, sans quoi tu perds une belle aubaine.

8. Tous deux sont égaux par le mérite et le caractère. Tu as le choix.

9. Pile ou face : pile pour la brune, face pour la blonde.

10. Oui, mais un peu trop tard, et tu seras parti. Belle affaire manquée, et qui ne se présentera plus.

13

ORACLE D'AJAX

Ajax, fils d'Oïlée, conduisit quarante vaisseaux au siège de Troie. La nuit où la ville fut prise, il fit violence à Cassandre, fille de Priam, dans le temple de Minerve, qui, offensée de cette irrévérence, déchaîna sur sa flotte, qui retournait en Grèce, une tempête où il périt.

0. Celui qu'il croit être sa plus précieuse qualité.

1. La coquetterie... dissimulée.

4.

2. Veux-tu nous faire croire que tu l'es! A d'autres!..

3. Celui qui a le plus grand soin de son âme.

4. Quelques années pareilles, et tu n'auras rien à envier... aux gueux de l'hôpital.

5. Tâche de le croire, cela te poussera à bien faire.

6. Cesse de vouloir le paraître, et tu le paraîtras davantage.

7. Ils s'apprêtent à te poursuivre, et si tu ne manœuvres pas bien, je te vois dans de terribles embarras.

8. Défie-toi, on veut te mettre dedans : c'est le mot.

9. Je voudrais, à ta place, prendre au hasard, car le hasard fait souvent très-bien les choses.

10. Évite-les pareillement, ce sont deux mauvais cœurs.

16

ORACLE DE SÉRAPIS

Sérapis était le grand dieu des Égyptiens; on le confondait souvent avec Jupiter et le Soleil. Il avait un oracle fameux à Babylone, et il rendait ses réponses en songe. Les Grecs et les Romains lui consacrèrent des temples.

0. Autant que peuvent l'avoir en toi, ceux que tu sers, ou que tu es censé servir.

1. L'avarice en ce qui concerne les autres... la prodigalité en ce qui le touche.

2. Un vice qu'on ne connaîtra jamais; mais dont elle voudrait bien se corriger.

3. Hélas! non! pour le malheur d'un sot.

4. Le plus méchant,.. ou le moins bon.

5. Légers bénéfices; mais bonnes affaires en chantier.

6. Et l'on a raison de parler ainsi. Examine-toi, et tu verras qu'on te juge équitablement.

7. Pas tout à fait : tu manques trop de simplicité.

8. Oui, mais à la condition que tu fasses preuve de quelques bonnes intentions.

9. Oui, mais je te plains d'y être obligé par les cir-
constances où par ton désir. C'est une du
perie.

10. Ni l'un ni l'autre ne sont dignes d'être acceptés

17

ORACLE D'OSIRIS

Osiris, fils de Jupiter et de Niobé, était adoré par les Égyptiens, comme Apis et Sérapis. Il passait pour avoir enseigné à ces
peuples l'agriculture, et on lui donnait le bœuf pour symbole.
Quelques auteurs ont voulu voir en lui le Soleil, cela parce qu'on
le représentait ordinairement avec la tête d'un épervier, oiseau
dont la vue est perçante comme les rayons de cet astre, et avec un
fouet, à l'aide duquel il pressait les chevaux traînant son char lu-
mineux.

0. Au contraire, mais à la condition de n'être pas
trop prolongée.

1. Oui, ce sont des serviteurs fidèles, très-fidèles.

2. Aucun. C'est une sorte de saint... qui n'en sera
pas moins damné.

3. De s'attacher sans réflexion à des choses futiles.

4. Éternellement. On sait trop ce que tu vaux.

5. Celui qui désire la mort de l'autre.

6. Oui, vers le milieu de l'année ; mais la fin fera
brèche. Toutefois, joli profit au résumé.

7. Non; tu n'as rien fait pour cela, et l'on te rend pleine justice.

8. Non; il s'en faut même de beaucoup.

9. Ils t'aiment tous beaucoup : et c'est ce qui sera cause que tu t'empêtreras davantage.

10. Laisse-le conclure à d'autres.

18

ORACLE DE POMONE

Pomone était une belle nymphe, dont tous les dieux champêtres se disputaient la conquête; car son adresse à cultiver les jardins, et surtout les arbres fruitiers, autant que sa beauté et ses agréments, leur avait inspiré de la tendresse. Vertumne, dieu des jardins, se métamorphosa en vieille, pour pouvoir plus facilement entrer en conversation avec elle, la décida à l'épouser, et elle devint déesse des vergers.

0. Pour toi d'abord, mais ta fortune ne lui déplaît pas.

1. Hélas! j'en ai peur, grand peur!

2. Méfie-toi un peu; mais, fais cependant preuve d'indulgence.

3. Il s'aime beaucoup trop.

4. C'est d'avoir au bout de la langue une démangeaison perpétuelle.

5. Tu te remarieras par intérêt avec un vieux, très-vieux, qui mourra bientôt pour te permettre d'épouser un jeune qui aura force maîtresses. Revanche de la destinée.

6. Le plus jeune de cœur survivra à l'autre.

7. Un million peut-être. — Remarque que je dis : Peut-être.

8. En aucune façon. On n'oserait pas.

9. Beaucoup trop, même; ton amabilité menace de devenir fatigante.

10. Ils sont tous très-bien disposés pour toi; mais n'abuse pas de leur longanimité.

49

ORACLE D'ADONIS

Adonis naquit des amours incestueux de Myrrha avec son père Cyniras. Myrrha ayant été changée en arbre qui porte la myrrhe, l'arbre s'ouvrit pour laisser naître l'enfant; il devint si beau que Vénus l'aima, jusqu'au jour où Mars, jaloux de l'infidélité de Vénus, perça de sa lance Adonis, que la déesse métamorphosa en anémone.

0. Les deux lui conviennent; mais ne la mets pas à l'épreuve, l'or l'emporterait.

1. Pour l'un et pour l'autre.

2. Non, l'amour est trop ardent pour cela.

3. Oui, si tu sais leur prouver qu'aucune faute ne peut t'échapper.

4. C'est de ne point en avoir de marqué.., mais beaucoup de petits.

5. Un peu trop bruyante, la jeune demoiselle!

6. Tu te remarieras bientôt, mais pour être plus veuve qu'auparavant.

7. Celui qui voudrait passer le second, pourrait bien passer le premier.

8. Comme l'année dernière. Base-toi là-dessus.

9. Un peu seulement, car on est généralement indulgent pour toi.

10. On trouve que tu pourrais t'en tenir à ce que le bon Dieu t'a donné.

20

ORACLE DE PROMÉTHÉE

Prométhée, fils de Japet et de la belle Climène, fut le premier qui forma l'homme du limon de la terre, et prit pour l'animer une étincelle du feu céleste. Jupiter, irrité de ce vol, ordonna à Mercure de conduire Prométhée sur le mont Caucase et de l'attacher à un rocher, où un vautour lui déchirait sans cesse le foie, qui renaissait continuellement, en sorte que son tourment était éternel.

0. C'est le plus léger de ses soucis. Prends-en ton parti.

1. C'est toi, toi-même qu'elle aime.

2. Il n'a vu que ton bien ; il ne sait pas même de quelle couleur sont tes yeux.

3. Oui, certes ! il y périra ; ou plutôt, il prendra une autre route.

4. Confiance pleine et entière... si tu veux être dépouillé jusqu'à la chemise.

5. Il en a tant qu'il est difficile de prononcer d'une manière certaine.

6. Un amour immodéré de dépense, qui se fera jour plus tard, s'il a été jusqu'à présent contenu.

7. Et voilà la question d'une femme qui a tant pleuré son pauvre mari !

8. Celui qui est le moins amoureux, durera naturellement davantage.

9. Oui, s'il ne pleut pas le jour de Saint-Michel.

10. Beaucoup plus qu'il ne faudrait, ou que tu ne voudrais.

21

ORACLE DE JASON

Jason est surtout célèbre pour avoir entrepris et accompli, en tête des Argonautes, la conquête de la Toison-d'Or. Cette conquête lui fut facilitée par les charmes de la magicienne Médée qu'il épousa, mais abandonna ensuite; ce dont Médée eut une si grande fureur qu'elle massacra de ses mains les deux enfants qu'elle avait eus de lui.

0. Sans doute: elle pense à se défaire de l'attachement qu'elle a pu prendre pour toi.

1. Beaucoup; il pense, il rêve à toi, mais cela lui passera vite.

2. Une chaumière et ton cœur lui suffiraient, mais la richesse ne gâtera rien.

3. Mets-le à l'épreuve : tu verras que tu n'es pour rien dans son inclination.

4. Oui, car là-bas, quelqu'un se trouvera pour le détourner à son profit.

5. Compte tes bouteilles à la cave.

5

6. L'orgueil, qu'il ne laisse pas voir, mais qui est le premier mobile de toutes ses actions.

7. Il faudrait me demander quel est son vice mortel : car un vice causera sa mort. Devine lequel.

8. Avant deux mois, tu seras fixée à ce sujet.

9. Celui qui y songe le moins.

10. De très-gros, si dès le milieu de l'année tu n'as pas troué la lune.

22

ORACLE DE LÉDA

Jupiter qui aimait Léda, mais ne pouvait la surprendre, se métamorphosa en cygne, et l'abusa en jouant avec elle sur le bord du fleuve Érotas, où elle se baignait. Elle accoucha de deux œufs, de l'un desquels sortirent Hélène et Clytemnestre, de l'autre Castor et Pollux.

0. Il en bat la campagne ; aie donc pitié de lui.

1. Pas le moins du monde.

2. Oui, mais tâche de ne pas l'affliger trop par ton indifférence ; il se guérirait de son mal.

3. Fais semblant d'être ruiné, et tu verras.

4. Il t'aime sincèrement, et quoi qu'il arrivât, il t'aimera de même.

5. Oui, mais en retour il se ravisera de plus belle.

6. Oui, mais ne leur laisse pas croire : ils pourraient en abuser.

7. Il les a tous. On peut prendre dans le tas au hasard, et l'on amènera un gros lot.

8. Un excessif amour de sa personne.

9. Remarie-toi, tu le peux ; mais ce sera une vengeance du ciel, qui entend encore les plaintes du défunt.

10. Le plus ardent.

23

ORACLE DE PYLADE

Pylade, prince de Phocide, fut élevé avec son cousin Oreste, et lia dès lors avec lui une amitié qui les rendit inséparables. Il l'accompagna dans diverses entreprises, et notamment en Tauride, où ils furent pris et chargés de chaînes. L'un des deux devant être immolé, ce fut alors qu'on vit ce généreux combat d'amitié si célèbre chez les anciens, chacun des deux amis offrant sa vie pour sauver celle de l'autre.

0. Comme ses yeux... le jour où ils lui font mal.

1. Il ne pense même pas à toi. Te voilà, n'est-ce pas, bien loin du compte qu'il te plaisait de faire.

2. Beaucoup, la nuit, le jour ; mais c'est tout ce que tu en auras.

3. Non, mais un de ces jours cela lui viendra, sans
   y penser.

4. C'est à toi qu'elle en veut, mais elle n'est pas
   fâchée que ta fortune réponde un peu de l'a-
   venir.

5. Il t'aime surtout, pour ta beauté et ton esprit.

6. Non, tu peux être tranquille.

7. Surveille-les un peu, un tout petit peu : ils commencent à se déranger.

8. Beaucoup d'immodestie, que ne compense pas
   autant de mérite.

9. Trop de facilité à promettre son affection.

10. Les veuves comme toi ne sont pas à plaindre.
    Reste ainsi.

24

ORACLE D'ORESTE

Fils d'Agamemnon et de Clytemnestre, Oreste échappa, grâce
à sa sœur Électre, aux meurtriers de son père, vengea plus tard
le meurtre de celui-ci en tuant Égisthe, amant de sa mère, et sa
mère Clytemnestre elle-même. Mais dès ce jour il fut poursuivi
par les Furies, jusqu'à ce qu'il eut délivré en Tauride sa sœur
Iphigénie, qui avait été faite malgré elle prêtresse du temple de
Diane.

0. Sans doute, si tu veux, une fois de plus, qu'on
   se moque de toi.

1. Oses-tu bien demander cela ; alors que tu le sais? elle dit à chacun qu'elle te déteste.

2. Il brûle, il brûle ; mais ce n'est pas pour toi.

3. Mon Dieu non ; elle n'a que faire de cette pensée.

4. Pas du tout ; il n'a jamais perdu une minute à ces pensées-là.

5. Les deux lui ont pris le cœur ; mais un malheur arrivât-il, qu'elle persisterait quand même.

6. C'est ta fortune seule qui le tente, mais il saurait en faire bon usage.

7. Non, si tu as soin de faire de jolies promesses pour le retour.

8. Oui ; mais ne les laisse pas sortir beaucoup : ils trouveraient dehors de mauvais conseils.

9. C'est de croire n'en avoir aucune.

10. Aujourd'hui Vénus, demain Bacchus, après demain..., mais c'est assez ainsi.

25

ORACLE DE PROSERPINE

Proserpine, fille de Cérès et de Jupiter, un jour qu'elle cueillait des fleurs près d'une fontaine de Sicile, fut aperçue de Pluton qui l'aima, l'enleva et l'emmena aux enfers. Cérès la chercha par toute la terre, sut enfin qu'elle était aux enfers et y descendit pour la redemander; mais Proserpine aimait Pluton, et il fut convenu qu'elle passerait six mois de l'année avec son mari et six mois avec sa mère.

0. Sans doute, et ce ne sera pas là une belle réussite.

1. Bien vite, car dans quelques jours il ne serait plus temps; la place serait prise.

2. Elle rêve de toi la nuit, et ton image la suit partout le jour.

3. Il t'aime, oui; mais loin de lui.

4. Elle pense à toi, comme tu penses à elle; et ce n'est pas beaucoup dire.

5. Autant et plus que tu ne penses à lui.

6. Elle t'aime pour toi, pour toi seul; pauvre, elle t'eût aimé de même.

7. Les deux lui sourient, et il ne voudrait pas l'une sans l'autre.

8. Cela dépendra de l'air que tu sauras prendre au moment du départ.

9. Serre tout. Il y a péril en la demeure.

10. Une passion qui ne se dit pas, mais qui se devine aisément.

26

ORACLE DE QUIRINUS

Quirinus était un ancien roi des Sabins, qui l'honorèrent comme dieu. Numa, successeur de Romulus, surnomma Quirinus le fondateur de Rome, et lui fit bâtir un temple sur le mont Quirinal, pour soutenir la fable qui lui donnait le dieu Mars pour père

0. Un peu trop; quoique tu sois destiné à n'en rien voir.

1. Non, tout sera rompu au moment décisif,

2. Oui, mais cela ne te rapportera rien.

3. Je crois bien! Tu ne fus jamais aimé de la sorte.

4. Oui, et si tu ne mets pas bientôt fin à son tourment, il lui arrivera malheur.

5. De temps en temps... pour s'amuser.

6. Oui, de temps en temps; mais il se hâte de chasser ces pensées qui lui sont désagréables.

7. Ce n'est ni toi, ni ta richesse qui l'avez séduite; c'est autre chose. Devine.

8. C'est un amoureux platonique; tu aurais des millions qu'il ne t'aimerait ni plus ni moins.

9. Il y périra complétement.
10. Tu peux être tranquille; si tu as fait le deuil de
    tes intérêts.

27

ORACLE DE VULCAIN

Vulcain, dieu du feu, était fils de Jupiter et de Junon. Son père, l'ayant trouvé trop laid quand il vint au monde, le jeta du haut du ciel d'un coup de pied. Vulcain en tombant sur la terre se cassa la jambe et demeura boiteux. Il faisait forger par les Cyclopes les foudres de Jupiter dans les profondeurs du mont Etna. Il épousa Vénus, qui le trompa avec Mars.

0. Oh! comme une carpe! mais les contrastes font
   bien; tu as tant d'esprit, toi!
1. Comme un démon; et pourtant, ce ne sera pas
   le plus beau joyau de la dot.
2. Selon la conduite que tiendra celui qui le désire
   le plus vivement.
3. Si tu veux; mais je te préviens qu'on te re-
   butera.
4. Elle le dit, mais n'en crois pas le premier mot.
5. Il t'adore; il rêve de toi, il ne parle que de toi;
   mais, chose drôle, le jour où il te l'aura dit, il
   ne t'aimera plus.

6. Quelquefois; mais ça lui déplaît considérablement.

7. Oui, quand il n'a rien de mieux à faire.

8. C'est ta richesse seule qu'elle a vue. Fais ton profit de cette révélation.

9. La fortune te fait très-belle à ses yeux. Si tu la perdais, je ne répondrais de rien.

10. Ne crains rien : il est solide et à l'abri de toutes les épreuves.

28

ORACLE DE JANUS

Janus, roi d'Italie, reçut dans ses États Saturne que son fils Jupiter poursuivait, et fut gratifié par lui d'une rare prudence, ainsi que de la connaissance du passé et de l'avenir. Il avait à Rome un temple, qui était fermé pendant la paix et ouvert pendant la guerre.

0. Si tu le fais, tu es perdue à tout jamais. Ainsi, prends garde.

1. Du plus fin, et du meilleur, pour faire compensation à ce qui te manque.

2. Trop, car elle trouvera que tu n'en as pas assez.

3. Oui, et ce sera une excellente affaire pour les deux contractants.

4. Sans doute, car on n'attend que ton aveu pour en faire un du même genre.

5. Elle aime à se moquer de toi : rien de plus.

6. Oui, parce qu'il ne sait pas où il place son amour.

7. C'est sa plus chère occupation. Fais ton profit de cet avis.

8. Parfois; et comme il y trouve du plaisir... il y prendra goût... Patience donc, et espère.

9. Demande-lui, pour voir, les qualités qu'elle te reconnaît; tu l'embarrasseras fort. Parle-lui de ta richesse, tu la mettras à l'aise.

10. C'est toi seule qu'il veut, c'est toi seule qu'il aime.

29

ORACLE DE PYGMALION

Pygmalion, roi de Chypre, ayant fait une magnifique statue, en devint amoureux jusqu'au point de prier Vénus de l'animer, afin qu'il pût en faire sa femme, sa prière fut accomplie, et il eut de cette statue devenue femme, Paphus, qui fonda la ville de Paphos et bâtit un temple fameux à l'honneur de Vénus.

0. Oui, et tu es loin de t'imaginer quelle est la personne à laquelle tu le devras.

1. Oui, tu le peux, car c'est un honnête homme.

2. Vous vous entendrez à merveille.

3. L'esprit qu'il faut pour rester honnête.

4. On n'y pense plus que pour la forme, et pour rompre convenablement.

5. Hâte-toi ; mais ne t'effraye pas si l'on te reçoit mal : c'est ruse de guerre.

6. Oui, mais d'un amour étrange, car elle n'est heureuse que lorsque tu n'es pas là.

7. Oui, et je le plains !

8. A peine... mais si tu insistes, elle viendra à de plus chauds sentiments.

9. Oui, certes, et de la plus favorable façon.

10. Elle aime bien ce que tu possèdes... Mais ne faut-il pas que quelque chose rachète le dés-agrément de t'appartenir ?

30

ORACLE DE MÉLÉAGRE

Le jour de la naissance de Méléagre, Althée sa mère vit les Parques mettre un tison au feu en disant : L'enfant vivra autant que ce tison durera. Les Parques sorties, elle alla retirer le tison qu'elle garda soigneusement jusqu'au jour où Méléagre ayant tué ses oncles maternels, Althée jeta au feu le tison auquel était attachée la vie de son fils; puis, le voyant mort, elle se tua de désespoir.

0. Riche comme Crésus, mais aussi malheureux que lui.

1. Énorme... mais on te le reprendra, et tu vivras plus malheureux qu'auparavant.

2. Non; mais tu peux lui faire savoir que ce n'est pas l'envie qui t'en a manqué.

3. Autant que toi. Songe ce que ce sera.

4. Plus que tu ne voudrais, je t'assure.

5. Je ne le crois pas; mais qu'on n'en ait pas de regret, il eût été malheureux.

6. On n'attend que cela... pour rire beaucoup.

7. Elle est en train de se demander si elle doit t'aimer, mais je crains que la réponse ne te soit pas favorable.

8. Cela viendra peut-être; mais pour le moment il n'y a rien.

9. Pourquoi faire? Crois-tu qu'il ait du temps à perdre?

10. Beaucoup, et l'amour vient peu à peu; mais viendra-t-il tout à fait? Je n'ose pas me prononcer.

31

ORACLE D'HERCULE

Hercule, fils de Jupiter et d'Alcmène, épouse d'Amphitryon, fut l'objet de la haine de Junon, qui, pour se venger de l'infidélité de son mari, suscita à l'enfant né de cette aventure douze travaux dont il sortit couvert de gloire. Il mourut consumé par un bûcher où il se jeta par suite des horribles souffrances qu'il éprouvait, ayant mis une robe que lui avait donnée la jalouse Déjanire, une des femmes aimées de lui.

0. On la lui promettra, mais ce sera tout; tu n'en toucheras jamais rien.

1. Jamais; car tu ne sais pas en prendre les chemins, même quand ils s'ouvrent devant toi.

2. Quand tous les riches mourraient le même jour, il n'y aurait pas un sou d'héritage pour toi.

3. Oui, mais pour lui reprocher de t'avoir écrit, cela fera un excellent effet.

4. Un eu roulant de bons mots fera le fond de sa
   conversation ordinaire.

5. Sois tranquille; ce n'est pas par là qu'elle pè-
   chera.

6. Plus tôt qu'on ne pense, et dans d'excellentes
   conditions.

7. Oui, mais tâche d'être éloquent, ou tu ne rapporteras que le ridicule.

8. Beaucoup, mais elle refusera longtemps de l'a-
   vouer, et, dans l'intervalle, cela lui passera.

9. Un peu, légèrement, mais bientôt plus du tout.

10. Non, certes, et elle est sage; car mérites-tu que
    l'on pense à toi?

32

ORACLE DE MÉDUSE

Neptune ayant abusé de Méduse, fille de Phorcus, dans le temple de Minerve, cette déesse irritée métamorphosa les cheveux de
Méduse en serpents et donna à son visage la puissance de changer
en pierre tous ceux qui la regarderaient.

0. O mon Dieu! l'une vaut bien l'autre.

1. Oui, mais elle saura singulièrement bien en dis-
   perser les revenus.

2. Oui, mais trop tard pour en jouir.

3. Tu hériteras quelque jour d'une pauvre défroque, où il pourrait bien y avoir quelque bonne cachette.

4. Garde-t'en bien, car il ne cherche qu'à te compromettre.

5. Tu as tort de le souhaiter : un sot ferait bien mieux ton affaire.

6. Beaucoup; mais je crains qu'elle n'en fasse pas un excellent usage.

7. Jamais il ne réussira à s'accomplir : il y a des empêchements majeurs.

8. Je ne t'y engage point. Il n'y a rien à faire de ce côté.

9. Elle t'adore et t'adorera toujours.

10. Plus que tu ne crois, encourage-le.

53

ORACLE DE SILÈNE

On donnait le nom de Silène au plus âgé des satyres, lequel était né du dieu Pan et d'une nymphe. Silène fut chargé de diriger l'enfance de Bacchus, qu'il accompagna ensuite dans ses voyages et dans ses conquêtes.

0. Ce serait, je crois, plus heureux pour l'état que tu exerces que pour toi.

1. La jeune fille te trompera, la veuve te tourmen-
tera : choisis.

2. Immense... en imagination.

3. Médiocrement, mais assez pour y trouver le
bonheur.

4. En ce moment même, tu en fais un que l'on t'apprendra bientôt.

5. Tu as déjà commis une grande faute en lisant sa
lettre; n'en fais pas une nouvelle en y ré-
pondant.

6. Non, car il ne verra pas que tu en as beaucoup
trop pour lui.

7. Ne le souhaite pas : l'esprit des femmes est souvent payé trop cher par les maris.

8. Non; car on apprendra quelque chose qui rom-
pra tout.

9. Garde-t'en bien ! tu gâterais tout. Il faut que
l'aveu vienne d'un autre côté.

10. Tu ne sauras jamais à quel point elle t'aime; et
ce sera le plus beau de ton affaire.

34

ORACLE D'AGAMEMNON

Agamemnon, roi d'Argos et de Mycène, commandait les Grecs au siége de Troie. Il sacrifia sa fille pour apaiser les dieux contraires au succès de l'entreprise. Au retour, Clytemnestre, prenant prétexte de la cruauté qu'il avait montrée, le fit assassiner par Égisthe, son amant.

0. Bientôt tu l'auras, et l'on se félicitera de te l'avoir donnée.

1. Tu es de ceux qui sont bien venus partout.

2. Prends garde à la comparaison du premier mari.

3. Toute petite... mais ses vertus y suppléeront.

4. Oui, tu seras riche, très-riche ; mais tu auras beaucoup d'envieux, beaucoup de soucis.

5. Oui, tu hériteras de ceux qui s'attendaient peut-être à hériter de toi.

6. Brûle sa lettre et n'y pense plus. Tu feras un acte d'extrême prudence.

7. Au moins aura-t-il l'esprit de te rendre heureuse ; c'est le principal.

8. Elle aura l'esprit qu'il faut, mais non pas celui qu'il faudrait.

9. Dieu merci ! non, car c'eût été un enfer pour les deux époux.

10. Fais ce que tu voudras : tu ne réussiras pas.

35

ORACLE DE BACCHUS

Bacchus, fils de Jupiter et de Sémélé, était honoré comme dieu du vin ; on lui attribuait d'avoir le premier enseigné l'agriculture aux hommes, d'avoir planté la vigne. Il fut regardé comme le plus puissant des dieux après Jupiter.

0. Très-motivée ; mais ne t'y abandonne pas sans réserve.

1. Je ne le pense pas ; mais sois sans regret, tu n'y aurais pas été heureux.

2. Ici où là, tu ne feras ni prouesses ni fortune.

3. Sa veuve a ses avantages, que le mariage t'apprendra.

4. Aucune, et ce sera heureux, car tu la dissiperais.

5. Tes enfants le seront de ton fait ; mais tu n'en auras pas eu la satisfaction.

6. Oui, mais n'accepte que sous bénéfice d'inventaire.

7. Il ne faut jamais donner d'armes aux téméraires : n'écris pas.

8. Prends garde qu'il n'en ait plus qu'il ne faut pour ton caractère.

9. Tu souhaiteras, à un moment donné, qu'elle en ait beaucoup moins.

10. Oui, mais on n'y trouvera pas ce qu'on pense, tout au contraire.

36

ORACLE DE MORPHÉE

Morphée, fils du Sommeil et de la Nuit, le premier et le plus véridique des songes, était, de tous ceux qui visitent l'esprit des hommes pendant le repos, celui qui savait le mieux prendre la démarche, le visage, l'air et le son de voix des personnages qu'il voulait représenter.

0. Tu seras généralement regretté des tiens.

1. Non : ce sont des chimères que tu te crées.

2. On sait que tu n'es pas apte à la remplir.

3. Je ne t'y engage pas.

4. Prends la plus riche, qui se trouvera être la meilleure.

5. Elle n'en aura pas besoin. Son caractère sera d'or.

6. Oui, après ta mort, dans la personne de tes héritiers.

7. 'Plusieurs, coup sur coup... Mais tu n'en sauras
    rien garder.

8. Arrange-toi de façon à lui faire croire que tu n'as
    pas reçu sa lettre.

9. Il sera bon et spirituel : deux choses assez rare-
    ment réunies.

10. Oui, si tu sais lui en prêter du tien. En as-tu de
    reste?

57.

ORACLE D'ŒDIPE

Un oracle avait prédit à Laïus, roi de Thèbes, qu'il serait tué
par son fils. Un fils lui étant né, il commanda à un berger de le
faire mourir. Celui-ci se borna à l'exposer, pendu par les pieds,
dans la campagne. L'enfant fut délivré et devint un homme beau
et fort; un jour qu'il passait dans un chemin, il rencontre un
vieillard, se prend de querelle avec lui et le tue : c'était Laïus.
Puis il vient à Thèbes, qui alors était affligé d'une peste terrible
qu'il fait cesser en devinant l'énigme proposé par le sphinx. La
reine, sa mère, l'épouse par reconnaissance. Quand plus tard il
sut quel il était, il s'arracha les yeux de désespoir, et passa le reste
de sa vie à gémir sur ses infortunes.

0. Elle date de loin; mais elle a le cœur jeune, cela
    suffit.

1. Oui, excepté de tes héritiers : tâche qu'ils n'aient
    pas de quoi donner le bal.

2. Prends conseil de ton cœur et de ton estime pour la personne : tu verras que non.

3. J'en doute : à moins que la personne que tu sais n'en parle encore.

4. Pierre qui roule n'amasse pas mousse. Reste comme tu es.

5. La jeune fille te fera passer d'heureux jours.

6. Tu le croiras, tu épouseras, et tu seras attrapé... et ta femme aussi.

7. Cela dépendra d'une mort, qui pourrait bien n'arriver qu'après la tienne.

8. Deux, trois, quatre, mais qui réunis n'en vaudront pas un seul, qui ne serait pas gros.

9. Non : mais fais-lui savoir qu'elle ne t'a pas déplu.

10. Tu as donc peur que le ménage en manque?

38

ORACLE DE POLYMNIE

Polymnie, sœur d'Apollon et l'une des neuf Muses, présidait à la rhétorique et était aussi regardée comme inventrice de l'harmonie. On la représente ordinairement avec une couronne de perles, la main droite tendue pour haranguer et tenant un sceptre dans la main gauche.

0. Vas-y, mais je crains bien que tu n'en reviennes pas comme tu y seras allée.

1. Plus jeune même; et c'est à tort qu'on la soupçonne de cacher des ans qu'elle n'a pas.

2. Quelques-uns, bien profonds, bien sincères... ailleurs, complète indifférence.

3. Un peu; mais le caprice passera.

4. Fais encore une visite, car on t'oublie.

5. Oui, si tu dois en prendre un meilleur.

6. Épouse l'une, épouse l'autre : et ne te plains pas.

7. Quelques mille francs seulement, mais ils fructifieront.

8. Jamais un liard ne séjournera dans ton escarcelle.

9. Tu désires vivement qu'il en vienne, mais il n'en viendra point.

10. Écris si tu veux; mais je ne réponds de rien.

39

ORACLE DE PSYCHÉ

Psyché était une jeune princesse d'une beauté si parfaite que l'Amour lui-même en fut épris. Un oracle ayant ordonné de l'exposer sur un rocher, elle fut transportée par Zéphire dans le palais où chaque nuit, dans l'obscurité, l'Amour venait la visiter, sans qu'elle sût qui il était, sans qu'elle le vît. Mais une nuit, ayant allumé une lampe pour voir les traits de son amant, celui-ci s'éveilla et, pour punir sa curiosité, l'abandonna sans retour.

0. Bientôt, tu n'auras plus rien à espérer.

1. Oui, si tu veux perdre tout repos d'esprit et de cœur : non, si tu as quelque sagesse.

2. Elle a juste l'âge qu'elle paraît avoir; mais non celui qu'elle avoue.

3. Pourquoi? Je te le demande.

4. Il y en a de moins légitime; mais aussi tu en es bien un peu la cause première.

5. Oui, bientôt; mais tu ne la garderas pas longtemps.

6. On sait ce qu'on quitte, on ne sait pas ce qu'on prend.

7. Marié avec celle-ci, ou marié avec celle-là, tu
ne *le* seras ni plus ni moins.

8. Ne te mets pas en souci de ce vil métal... qui
n'est pas fait pour toi.

9. Tu auras en tout quelques mille francs, qui t'em-
pêcheront de souffrir pendant ta vieillesse.

10. Je ne t'engage pas à y compter.

40

ORACLE D'ANTHÉE

Anthée, roi de Lybie, géant de soixante-quatre coudées, était
fils de la Terre. Quand un étranger venait dans ses États, il le
contraignait à lutter avec lui. Hercule le renversa plusieurs fois,
mais aussitôt qu'Anthée touchait la terre, il reprenait de nou-
velles forces. Hercule le maintint donc en l'air pour l'étouffer.

0. Non; mais il pourrait en avoir, tu le sais bien.

1. Non, car il est trop déplacé. Change de visées.

2. Garde-t'en bien! Il y va de ton bonheur.

3. Beaucoup moins; et il y a déjà longtemps qu'il
en est ainsi.

4. Oui;... on regrettera qu'elle n'ait pas eu lieu
plus tôt.

5. Ce qu'on en fait n'est que pour raviver ton
amour.

6. Elle est déjà comme accordée; mais prends garde qu'une parole, ou une démarche inconsiderée de toi ne gâte tout.

7. Change si tu veux, mais tu t'en trouveras mal.

8. Prends la veuve si elle a du bien, la jeune fille si elle n'a rien.

9. Rien d'abord, beaucoup par la suite.

10. Riche ou non, que t'importe? le bonheur moral t'attend?

41

ORACLE D'AMPHITRITE

Amphitrite, fille de l'Océan et de Doris, consentit à devenir femme du dieu Neptune, à la persuasion d'un dauphin qui, pour sa récompense, fut placé parmi les astres. Amphitrite fut mère de Triton, dieu qui précédait toujours son père Neptune, et calmait ou déchaînait les flots de la mer.

0. Oui, si tu es prête à remplir les devoirs que ce titre inspire.

1. Pas encore; mais cela ne tardera pas, si tu continues ton jeu.

2. Il se réalisera; mais quand tu ne pourras plus avoir le bénéfice de ton dessein.

3. Oui, car tu y passeras d'heureux instants.

4. Je la soupçonne de réussir à se vieillir en voulant
    sembler jeune.

5. C'est de toi que cela dépend, tu sais ce qu'il faut
    faire... mais le feras-tu?...

6. Elle le deviendra, si tu y prends trop garde.

7. Prends patience; tu seras prochainement satis-
    fait.

8. As-tu de quoi acheter les outils de rentier?

9. Tu feras mieux de rester garçon.

10. Tu auras une surprise, la veille du mariage.

42

ORACLE DE PLUTUS

Plutus, dieu des richesses, était en principe, dit-on, doué d'une
excellente vue et ne s'attachait qu'aux justes; mais, Jupiter l'ayant
rendu aveugle, les richesses devinrent dès lors indifféremment le
partage des bons et des méchants. On a dit aussi de lui qu'il était
très-agile pour aller chez les méchants, et qu'il boitait en se rendant chez les hommes vertueux.

0. Il ira, mais il en reviendra sain et sauf.

1. Oui, mais défie-toi du parrain.

2. Oui, et il n'est que temps d'aviser à tes im-
    prudences.

3. Complétement. Tu as toutes les chances, quoi-
    que tu ne fasses rien pour les mériter.

4. Oui, car tu y feras une excellente connaissance, et pour le meilleur motif.

5. Demande-lui si elle se souvient de telle ou telle mode, dont la date vous est connue, et vous la prendrez aisément sur son âge.

6. Les gens que tu crois n'en éprouveront aucuns; d'autres à qui tu ne penses pas, en seront accablés.

7. Je ne le suppose point : toutefois avise.

8. Je t'engage à chercher autre part. On ne veut pas de toi.

9. Ton état est bon ; mais tu ne sais pas le faire valoir.

10. La jeune fille t'aime, la veuve t'adore, mais aussitôt marié l'une ou l'autre te détestera.

45.

ORACLE DE BELLONE

Sœur de Mars, dont elle préparait le char et les chevaux, quand ce dieu allait combattre, Bellone était honorée comme déesse de la guerre. A Rome, elle avait un temple dans lequel le sénat donnait audience aux ambassadeurs des nations étrangères.

0. Cela ne tardera pas à être fini, tout à ton avantage.

1. Il y sera même blessé, mais légèrement, et cela lui vaudra de l'avancement.

2. Sans doute, pour que l'enfant te ressemble.

3. Il en a déjà parlé à un ami qui voudra tâcher d'y donner une raison d'être. Méfie-toi de l'ami, il te perdrait.

4. N'y compte pas ; ou ce serait folie de ta part.

5. Non ; car l'amour malheureux te guette, et tu serais victime de ses traits empoisonnés.

6. Oui, on lui reproche de se faire le visage. Il n'en est rien.

7. Oui, mais ailleurs que dans ta famille.

8. Très-motivée ; car c'est fini, on ne t'aime plus et on ne te reviendra jamais.

9. C'est une affaire manquée ; mais une meilleure t'attend.

10. Sois plus actif, et tu ne songeras pas à changer d'état.

44

ORACLE DES PLÉIADES

Les Pléiades étaient les sept filles d'Atlas. Elles furent aimées pour leur beauté et pour leur esprit des plus fameux d'entre les dieux et les héros, et ce fut d'elles que naquirent, au dire de Diodore, les principaux peuples. Elles furent après la mort placées dans le ciel, où elles forment une constellation très-connue sous le nom vulgaire de *poussinière*.

0. Oui, car tu peux y faire de bonnes connaissances.

1. Tu seras bientôt satisfait.

2. Jamais ; c'est un brave de cuisine qu'on laissera où il doit être.

3. Non, si le filleul doit avoir-ton caractère.

4. Non, car il·sait bien que tu n'aimes que lui.

5. Tu sauras ce qu'il en doit être avant le dernier quartier de la lune.

6. Oui, si tu ne crains pas les aventures scandaleuses.

7. Elle a quelque dix ans de plus, mais à cela près, elle vaut une véritable jeune.

8. Mets-toi à la place de ceux que tu laisseras, et juge.

7.

9. Oui, et c'est ta faute; tu n'as pas su aimer de la bonne façon.

10. Cela ne tardera pas.

45

ORACLE DE PAN

Pan, dieu des campagnes et des troupeaux, étant devenu amoureux de la nymphe Syrinx, la poursuivait un jour, et, comme elle fut changée en roseau, il coupa ce roseau, dont il fit la première flûte. Il accompagna Bacchus à la conquête des Indes. Il était particulièrement adoré dans la belle Arcadie. Son nom, qui signifie *tout*, fait penser qu'il symbolisait la nature.

0. Hé! hé! elle dit que oui ... mais enfin, puisqu'elle dit que oui, il faut la croire.

1. On s'y moquera de toi et tu y laisseras tes plumes.

2. Tu perdras dans cette affaire qui sera prochainement finie, mais pour gagner dans une autre.

3. Il partira, mais un contre-ordre arrivera qui le fera retourner.

4. Cela dépendra du parrain qu'on voudra te donner.

5. Et où diable voudrais-tu qu'il en prît le sujet?

6. En partie, très-peu; mais tu auras par compensation ce que tu n'espères pas maintenant.

7. On s'y attend; mais tu n'iras pas, quoi que tu aies
   pu décider.

8. Les gens ardents n'ont pas d'âge. C'est pourquoi
   elle est encore en pleine jeunesse. ‗

9. Non, mais cela t'est bien égal; tu t'aimes trop.

10. Motivée au dernier point; on a trouvé chez toi
    trop de froideur; on veut des relations plus
    ardentes.

46

ORACLE DE CALCHAS

Calchas, fameux devin qui suivit l'armée des Grecs devant
Troie, avait prédit la durée du siége. Il mourut de chagrin de n'a-
voir pu pénétrer ce que Mopsus, autre devin, avait pronostiqué.
Ce fut lui qui ordonna le sacrifice d'Iphigénie, fille d'Agamemnon.

0. Plus que tu ne le crois, mais pas autant que tu
   le voudrais.

1. Donne-le-lui si tu veux; il ne se fanera pas à
   son contact.

2. Il convient que tu travailles pour toi et les
   tiens, sans chercher des sociétés où tu n'as
   que faire.

3. Encore quelques semaines, et on te renverra bien
   fâchée.

4. Non, pour son malheur, car il y eût fait son chemin.

5. Garde-t'en bien; on veut spéculer sur toi après le baptême.

6. Ton mari fera bientôt semblant d'en avoir; mais ce sera pour rire : va ton train, finaude

7. Je te répondrai quand tu m'auras avoué si tu crois à la justesse de cet espoir.

8. Vas-y, ou n'y va pas. Tu ne t'en trouveras ni mieux ni plus mal.

9. Pas tout à fait, mais peu s'en faut.

10. C'est selon quand elle viendra.

47

ORACLE DES PARQUES

Les Parques, Clotho, Lachésis et Atropos, présidaient à la durée de l'existence des hommes en formant le fil de la vie. Clotho tenait la quenouille, Lachésis tournait le fuseau et Atropos tranchait le fil avec des ciseaux. Elles employaient de la laine blanche ou de la soie pour une vie heureuse, et de la laine noire pour une vie courte et infortunée.

0. Une seule; mais grave, dans quelques années.

1. On trouve que tu tiens à le paraître beaucoup, et cela te nuit.

2. Regarde s'il y a de petits points noirs au bout du nez.

3. Pourquoi non? tu sauras t'y faire remarquer.

4. Bientôt et des plus avantageux.

5. Oui, mais point de danger pour les braves de son espèce.

6. Il faut voir si les parents de l'enfant n'ont pas de visée intéressée.

7. Lui! Est-ce que tu n'as pas ses yeux dans ta poche? Sois donc tranquille, et coiffe-le sans inquiétude.

8. Non, jamais.

9. Sans doute, et avec joie; car tu y feras la plus agréable rencontre.

10. Non, bien loin de là même, elle a vingt ans de plus.

48

ORACLE DE PRIAPE

Priape, fils de Bacchus et de Vénus, fut dieu des jardins et de la débauche ; il naquit avec une difformité étrange, par suite d'un enchantement de Junon qui voulait se venger de Vénus qu'elle haïssait extrêmement. On le représentait avec une barbe et une chevelure incultes, et tenant une faucille à la main.

0. Je ne voudrais pas être à ta place.

1. Cela est écrit dans les lignes de ta main ; il suffirait que tu susses l'y voir.

2. Oui, très-jolie, surtout à la lumière.

3. Si elle te regarde bien en face quand tu lui feras cette question, c'est preuve que non.

4. Je t'exhorte à y renoncer si tu en as l'envie : Tu y perdrais la tête.

5. N'y compte pas. On corrompra les juges.

6. Il ne demande que cela, qu'il en ait l'air ou non, et d'ailleurs il est homme à s'en bien tirer.

7. Oui, car cet enfant sera un jour ta providence.

8. Il ne demande qu'à ne rien voir, et cela fait bien ton affaire, n'est-ce pas ?

9. Non, et tu regretteras même d'avoir formé ce souhait.

10. Je ne sais; mais contente ton envie a tout hasard.

49

ORACLE DE CÉRÈS

Cérès, fille de Saturne et de Cybèle, apprit aux hommes l'art de cultiver la terre et de semer le blé, ce qui la fit regarder comme la déesse de l'agriculture. Elle parcourut longtemps le monde pour retrouver sa fille Proserpine, que Pluton avait enlevée et conduite aux enfers.

0. Plus que tu ne mérites, plus que tu ne mériteras jamais.

1. Oh! tu la payeras cher! Et pourtant l'on t'avait donné de sages avertissements.

2. Tu ne seras jamais malade, pas même pour mourir.

3. Sans doute, et surtout ceux qui t'aiment.

4. Oh! certainement! Il n'y a pas d'inconvénient.

5. Non, car tu prendrais là des goûts qui ne te conviennent pas.

6. Les hommes d'affaires embrouillent tout là dedans. Presse-les, ou tu seras dépouillé avant peu.

7. Oui, pour y attraper une mention d'honneur.

8. N'accepte qu'à la condition que l'enfant porte ton nom; car cela te servira plus tard.

9. Oh! le pauvre homme! qu'il fera bien de n'en pas prendre.

10. Je ne crois pas, mais tu seras amplement dédommagé de cette non-réalisation.

50

ORACLE D'ACHILLE

Achille, fils de Pélée et de Thétis, fut voué par le destin à consommer la ruine de Troie, sous les murs de laquelle il devait périr. Vainqueur d'Hector, il demanda en mariage la fille de Priam; comme il allait l'épouser, Pâris, frère de la princesse, le blessa d'une flèche au talon, seul endroit où Achille fût vulnérable, et il mourut.

0. Cela dépendra des efforts que tu sauras faire pour modifier ton caractère.

1. Je n'en sais rien encore; mais crois-tu mériter de l'être.

2. Non, l'on n'en saura plus rien dans quelques temps.

3. Non, si tu veux adopter un autre train de vie.

4. Penses-tu que les aveugles soient en majorité?

5. Garde-toi bien de le lui offrir, elle rirait trop de toi.

6. Non, tu n'es pas fait pour briller, tes qualités

modestes seraient effacées, et ce serait dommage.

7. Ta cause est mauvaise; elle traînera et tu perdras.

8. Je le vois d'ici en pleine bataille déjà. Il fait merveille. Rien à craindre pour lui.

9. Oui, cela fera un petit être de plus attaché à toi, et l'on n'a jamais trop de biens affectueux.

10. Tu es trop froide pour qu'il y pense.

51

ORACLE DE LINUS

Linus, fils d'Apollon et de la muse Terpsychore, inventa les vers lyriques et les chansons. Ce fut lui qui enseigna la musique à Hercule, mais, ayant un jour réprimandé trop vertement son élève, celui-ci lui cassa la tête avec sa lyre.

0. Tu la rendras prodigue, en voulant la contraindre à l'épargne.

1. Très-heureuse en commençant, mais gare la suite!

2. Oh! si seulement ta femme devait l'être autant que toi!

3. On te la reprochera toujours. Prends tes mesures en conséquence.

4. Plusieurs; et la plus légère t'emportera.

5. Jolie autant qu'on peut l'être, quand on gâte ses grâces naturelles par la coquetterie.

6. Un bouquet, deux bouquets, trois bouquets, un tombereau de bouquets; car jusqu'à présent l'occasion lui a manqué pour n'en être plus digne.

7. Vas-y si tu veux; mais ne te plains pas ensuite d'avoir perdu le repos.

8. Le jugement sera remis, et l'affaire s'arrangera à ton entière satisfaction.

9. Non, Dieu merci; car il serait des premiers abattus.

10. Accepte ou refuse; il n'en sera ni plus ni moins.

52

ORACLE D'OPHIONÉ

Ophioné était un célèbre devin de Messénie, aveugle de naissance, qui exerçait l'art des prédictions en demandant à ceux qui venaient le consulter de quelle manière ils s'étaient gouvernés, soit en public, soit en particulier, et qui, selon leurs réponses, affirmait ce qui devait leur arriver.

0. Oui, et ce sera toi qui l'y pousseras, sans le vouloir peut-être.

1. Moins que tu ne voudrais, mais raisonnable-
   - ment.

2. Plus heureuse que ton mari.

3. Oui, mais tu feras parade de ton bonheur, et tu le
   compromettras.

4. Sois tranquille, il n'y paraîtra pas.

5. Une chaque année pendant dix ans, puis tu seras
   robuste comme un chêne.

6. On le dit partout; mais il y a beaucoup de gens
   qui protestent.

7. Oui, en toute sécurité, on peut le lui offrir.

8. Oui, va et tâche de profiter des rencontres que
   tu feras.

9. Encore quelques écus aux gens de loi, et tu
   gagneras; mais pour l'honneur seulement.

10. Oui, à la guerre des cotillons; c'est la meilleure,
    et il y est vaillant.

83

ORACLE DE PRIAM

Priam, roi de Troie, régna paisiblement pendant de longues années au milieu d'une nombreuse famille; mais Pâris, son fils, ayant enlevé Hélène, femme de Ménélas, et l'ayant amenée à Troie, tous les malheurs fondirent dès lors sur cette malheureuse cité, pendant le siége de laquelle Priam vit périr ou emmener en esclavage tous ses enfants et périt lui-même au pied de l'autel de Jupiter.

0. En faisant quelques sacrifies pour cela.

1. La ruine t'attend par cette voie.

2. Non, certes, et tu la querelleras, et vous vous séparerez, ce qui ne sera pas économique du tout.

3. Je n'en voudrais pas jurer; mais il y a pourtant des chances.

4. Ne l'espère pas; tu n'auras pas cette bonne fortune.

5. Ce serait bien fait; mais le bon Dieu est indulgent. Toutefois n'y reviens pas.

6. Une maladie de l'esprit, et une du corps t'attendent.

7. On ne saurait faire autrement; tu as tant de séductions.

8. Elle peut le recevoir;... mais recevoir ne prouve rien.

9. Sans doute, car tu dois y rencontrer la personne qui doit faire ton bonheur... au prix de la perte du sien.

10. Le procès sera bientôt terminé; mais tu ne seras pas content du résultat.

54

ORACLE DE MINOS

Minos, roi de Crète, était fils de Jupiter et de la nymphe Europe. Ayant gouverné son peuple avec autant de justice que de douceur, les dieux le placèrent, après sa mort, parmi les juges chargés de juger aux enfers les âmes des hommes.

0. Il n'est pas fâché, et ne tardera pas à revenir.

1. C'est toi qui es cause de la guerre, et tu te plaindrais de n'avoir pas la paix!

2. Je t'engage à tenir la clef de la caisse bien cachée.

3. Oui, si tu sais lui en donner l'exemple.

4. Félicité complète pour toi et pour ton mari.

5. Ta femme te rendra heureux, pour avoir la liberté de l'être de son côté.

6. Oui, et des suites bien déplorables, que je n'oserais même pas te révéler.

7. L'amour t'en occasionnera une, qui sera bien
   lente et bien difficile à guérir.

8. On trouve que tu pourrais l'être davantage;
   mais ta bonté fait compensation.

9. N'en mets pas la main au feu, tu te brûlerais.

10. Il faudrait que tu apprisses auparavant à y être
    convenable.

55

ORACLE D'ARIANE

Ariane, fille de Minos, étant devenue amoureuse de Thésée qui
venait pour combattre le minotaure, lui donna un peloton de fil à
l'aide duquel il put sortir du labyrinthe, qui servait d'asile au
monstre. Thésée emmena ensuite Ariane, mais l'abandonna dans
une île. Bacchus la consola.

0. Oui, car elle sera prise, et tu en feras ensuite
   tout ce que tu voudras.

1. C'est fini, car il est déjà engagé ailleurs.

2. En mettant une sourdine à ton caractère ha-
   bituel.

3. Non, à moins que tu ne lui reproches son peu de
   coquetterie.

4. D'intention, mais non de fait. Après tout, c'est
   une science difficile que l'économie.

5. Ce sera un ménage modèle ;... mais notons qu'il
y a des modèles en tous genres

6. D'un bonheur exceptionnel, car tu deviendras
veuf le lendemain des noces.

7. Tremble ; cet instant d'oubli sera cruellement
payé.

8. Jamais, à moins que tu n'oublies une précaution
pourtant bien facile à prendre.

9. Aussi jolie que bonne... Et ce n'est pas beaucoup
dire.

10. Oui, pourvu qu'on y glisse quelques fruits-d'é-
glantiers.

56

ORACLE DES SIRÈNES

On nommait ainsi les trois filles du fleuve Acŏéloŭs et de la
muse Calliope. L'oracle leur avait prédit qu'elles vivraient autant
de temps qu'elles pourraient arrêter tous les passants, mais qu'elles
périraient dès qu'une seule résisterait aux charmes de leurs voix
et de leurs paroles. Elles avaient un temple près de Surrente.

0. C'est ce que tu n'as pas besoin de vérifier. La
foi sauve.

1. Au jeu qu'elle joue, c'est elle qui perdra. Vas-y
sans crainte.

2. Tu as manqué là la plus belle occasion de bon-heur; mais peut-être tout n'est-il pas perdu.

3. Avec un peu moins de rigueur pour des défauts dont tu as bien ta part, et que tu ne veux pas tolérer chez les autres.

4. Pas le moins du monde; elle ne rêvera que cuisine, balais et torchons. La meilleure et la plus économe des gouvernantes enfin.

5. Trop économe; à ce point que tu t'en plaindras,

6. Tu le seras, si tu veux;... mais voudras-tu, ou plutôt sauras-tu l'être?

7. Comme un coq en pâte, depuis les pieds jusqu'au front; mais ne regardons pas plus haut.

8. Fais comme si elle devait les avoir, et conduis-toi plus prudemment à l'avenir.

9. Tu en rapporteras une de ton premier voyage.

10. Jolie comme un ange... déchu.

57

ORACLE DE PALÈS

Palès, divinité des bergers, avait sous sa garde les troupeaux. Chaque année, en avril, sa fête était célébrée avec grande pompe dans les campagnes; on purifiait les bercails et les troupeaux avec des fumigations de soufre; on offrait ensuite du lait du vin cuit et du millet à la déesse, et la fête se terminait par de grands feux de paille au travers desquels sautaient les jeunes gens.

0. Autant que toi, ce n'est pas beaucoup dire.

1. Autant que tu l'es toi-même. Est-ce beaucoup?

2. Hum! elle est bien dangereuse! Prends garde!

3. Bientôt tu le reverras;... mais ce sera pour te narguer qu'il fera semblant de revenir.

4. En te disant que l'indulgence ne doit pas être toute du même côté.

5. Par petites sommes répétées, elle mettra bientôt ton budget à sec.

6. Oui, elle épargnera sur le feu et le pain... pour satisfaire à la parure.

7. Compte là-dessus, ma fillette!

8. Tu auras tous les bonheurs, même un bon ami pour te suppléer auprès de madame.

9. Non, tu peux te rassurer.

10. Tu as un pacte avec la santé;... mais ne t'y fie pas trop cependant.

58

ORACLE D'HÉLÈNE

Beauté célèbre, Hélène, fille de Tyndare, épousa Ménélas, roi de Sparte, et fut enlevée par le berger Pâris, qui l'emmena à Troyes, ce qui fut cause que pendant dix ans l'armée des Grecs assiégea cette ville, qu'enfin ils réduisirent en cendres.

0. Tu sais bien qu'elle a tous les mérites que tu aimes. Peu doit t'importer le reste.

1. C'est un modèle de fidélité... envers une autre que toi.

2. Fouille dans son gousset de montre, et tu le sauras

3. Laisse-toi prendre, tu n'y perdras rien; bonne affaire pour l'avenir.

4. Coquette, ne l'espère pas. Il faut que justice se fasse.

5. En rompant net et pour toujours avec une certaine personne...

6. Prends-la où tu voudras; elle te coûtera cher.

7. Non, car tu l'auras voulue riche, et sous prétexte de ne consommer que les revenus de sa dot, elle t'appauvrira.

8. Toi! tu es faite pour être heureuse partout.

9. Heureux au début, heureux ensuite, heureux toujours!

10. Oui, mais il n'y aura pas que toi, qui en souffriras.

59

ORACLE DE MERCURE

Fils de Jupiter, Mercure est considéré à la fois comme dieu de l'éloquence, du commerce et même des voleurs, à cause de diverses subtilités que la fable lui attribue. Il était en outre le messager des dieux, fonctions pour l'accomplissement desquelles Jupiter lui avait attaché des ailes à la tête et aux oreilles. Il conduisait aussi les âmes des morts aux Enfers.

0. Celle que notre mère Ève a perdu le jour de la pomme.

1. Si tu l'aimais bien, tu ne ferais pas cette question. Aussi pas de réponse.

2. Mets-le à l'épreuve, par la jalousie; et tu auras de beaux résultats.

3. Oui, de cœur;... mais pas davantage.

4. Ces prétendues agaceries sont des avances sincères; tu n'as rien à redouter.

5. Fais-lui parler par une personne jeune, jolie, riche; et peut-être... lui fera-t-il la cour.

6. Par de franches explications avec ceux qui te chagrinent.

7. Oui, si elle n'a pas d'enfants.

8. Autant que toi sur certain chapitre où tu ne l'es guère.

9. Oui, car tu seras dorlotée, choyée, adulée, mais prends garde d'en abuser; tu payerais cher cette inconséquence.

10. Très-heureux; car tu aimes fort la couleur jaune.

60

ORACLE DE NEPTUNE

Neptune, fils de Saturne et de Rhéa, reçut de Jupiter son frère, quand celui-ci eut détrôné Saturne, l'empire de la mer, dont il fut dès lors regardé comme le vrai dieu. On le représente ordinairement monté sur un char, que traînent des chevaux marins et tenant à la main un trident.

0. La vertu contraire au vice principal de celui ou de celle qui me questionne.

1. L'innocence d'âme, sans préjudice de celle du corps.

2. Elle a au moins le mérite de savoir bien aimer; c'est le principal.

3. Très-content pour le moment, mais dans quelque temps, cela changera.

4. En toute façon, et ce n'est pas de sa part un mince mérite.

5. Défie-toi! défie-toi! elle a fait le malheur de bien d'autres.

6. Écris une lettre... que tu ne feras pas partir... et il reparaîtra. Il y a de ces efforts de sympathie.

7. Inutile de chercher les moyens d'en finir avec un état qui ne tardera pas à changer de lui-même.

8. Non, si tu sais bien la sermonner en commençant, tout en lui assurant une douce aisance.

9. Si tu ne l'es pour elle, je te plains.

10. Je t'engage à faire et à penser comme si tu ne devais pas l'être; tu te ménageras ainsi une surprise agréable.

61

ORACLE DE PHAÉTON

Phaéton ou Éridan, fils d'Apollon et de Clymène, eut une querelle avec un de ses amis, qui lui reprocha de n'être pas fils du
Soleil, comme il le disait. Phaéton, attristé, alla trouver Apollon qui
lui promit de lui accorder ce qu'il exigerait de lui. Phaéton demanda de conduire un jour le char du Soleil. Son père voulut l'en
dissuader, mais il insista. Dès qu'il fut sur le char, les chevaux,
ne reconnaissant pas la voix de leur maître, s'emportèrent, et l'u-
nivers eût été embrasé, si Jupiter n'eût foudroyé le jeune témé-
raire, dont le corps tomba dans un fleuve d'Italie qui porta longtemps son nom d'Éridan (aujourd'hui le Pô).

0. Croire que tu l'es, c'est le meilleur ou plutôt le
seul moyen de l'être.

1. La pureté de l'âme... qui n'est pas toujours compagne de celle du corps.

2. Une de ces vertus incomprises et incompréhen-
sibles qui font le malheur de tout le monde.

3. Légèrement, mais cela viendra peut-être.

4. C'est la constance personnifiée; mais tu t'y fie-
ras trop, et tu le dégoûteras de ce sot métier.

5. Oui, mais il se demande en ce moment si un peu
de changement ne lui siérait pas.

6. Laisse-toi gagner, cela la regarde seule. Toi,
tu auras toujours les pieds blancs.

7. Jamais. Tu as été trop rude; et il a du cœur.

8. Endure ce que tu ne peux empêcher, c'est le seul moyen que je puisse t'indiquer.

9. Les fenêtres ne seront pas assez larges pour que l'or y passe.

10. Elle prêchera l'économie, et pratiquera la prodigalité, ce qui n'est pas rare.

62

ORACLE DE MOMUS

Momus, fils du Sommeil et de la Nuit, était adoré comme dieu de la raillerie. Il s'occupait à scruter les actions des hommes et des dieux, pour en chercher le côté mauvais ou ridicule. On le représente soulevant les masques qui cachent les visages et agitant une marotte.

0. Elle fait tout espèce d'efforts pour t'oublier, et n'y peut parvenir.

1. Renoncer à la convoitise qui te dévore, et regarder au-dessous de toi.

2. La pureté du corps... qui n'est pas toujours compagne de celle de l'âme.

3. La vertu qui fait aimer les jeunes femmes et qui cause le tourment des vieilles.

4. Elle mérite surtout que tu ne la trompes pas, et pourtant je crois que tu médites une trahison.

5. Non, car il n'est pas ta dupe.

6. Oui, mais prends garde, tu agis de façon à l'en détourner.

7. Pose-lui, le plus tôt possible, des conditions formelles, et tu verras bien.

8. Il ne se tient pas pour congédié tout à fait, mais il n'ose pas revenir.

9. En n'écoutant pas tout ce que te disent des gens intéressés à la continuation de ces querelles.

10. Une vraie fourmi, une vraie abeille... mais aussi gare l'aiguillon!

63

ORACLE D'ORPHÉE

Orphée, fils d'Apollon, était si habile sur la lyre que lorsqu'il en jouait, les arbres, les rochers, les bêtes fauves, accouraient pour l'entendre. Eurydice, sa femme, étant morte, il descendit aux enfers pour la redemander à Pluton, qui la lui rendit à condition qu'il ne regarderait pas derrière lui en l'emmenant; mais il tourna la tête pour voir si Eurydice le suivait, et elle lui fut à jamais ravie. Dès lors, il témoigna un tel mépris pour les femmes que les bacchantes furieuses se jetèrent sur lui et le mirent en pièce.

0. Elle te rend constance pour constance, amour pour amour.

1. Elle passe son temps à penser ou dire du mal de toi, et trouve cette distraction fort agréable.

2. Tu dois apprécier les biens que Dieu te donne, et que tant d'autres n'ont pas.

3. L'amour du travail... et des écus.

4. La modestie... sans en avoir l'air.

5. Oui, tu peux l'aimer en toute tranquillité.

6. Plût à Dieu pour lui qu'il ne le fût pas autant.

7. Demande-lui où il a passé la dernière heure de sa dernière sortie; cela ne t'apprendra rien, mais cela pourra te servir quand même.

8. Ne consulte pas, il est trop tard; tu es déjà pris, et je te plains.

9. Il s'en gardera bien, car la façon dont il a été reçu lui a ouvert les yeux, et il a vu qu'il se fourvoyait.

10. Il y a longtemps que tu l'aurais, si tu savais être moins difficile.

64

ORACLE DE NÉMÉSIS

Némésis, déesse de la vengeance, était fille de Jupiter et de la Nécessité. Elle avait pour mission de châtier les méchants et ceux qui abusaient des présents de la fortune ou de leur autorité. On la représentait avec des ailes, portant un flambeau d'une main, de l'autre un faisceau de serpents, avec lesquels elle flagellait les coupables.

0. Comme on t'a élevé toi-même, et ce seront de bien jolis sujets.

1. Autant que tu l'es toi-même; est-ce beaucoup dire?

2. Elle est dans les larmes... mais ce n'est pas ton absence qui les cause.

3. Être moins égoïste.

4. L'économie, la vigilance et la chasteté sont en égale estime chez lui... mais c'est tout.

5. Elle n'en a point de principale; mais beaucoup de petite monnaie peut équivaloir à une grosse pièce.

6. Fort peu maintenant, et dans quelque temps plus du tout.

7. C'est sa plus belle qualité, si ce n'est pas la seule.

8. Ta conduite avec lui lui donne des réflexions qui pourront le pousser à mal.

9. N'aie pas peur; elle a plus envie d'être prise que de prendre.

10. Non, car il t'a jugé pour ce que tu n'es pas peut-être, mais le mal est fait.

65

ORACLE DE MÉLAMPE

Mélampe, grand médecin et fameux devin, entendait, 'dit-on, le langage des oiseaux. Le roi Prœtus ayant des filles dont la maladie ou plutôt la folie consistait à se croire changées en génisses, il les traita par l'ellébore et épousa la plus belle d'entre elles.

0. Prends garde, il veut abuser et se moquer ensuite.

1. Élève-les par la douceur, c'est le meilleur moyen.

2. Oui, mais ce n'est ni le désir ni les motifs qui lui manquent pour ne plus l'être : tu le sais bien.

3. Elle se demande si elle fait bien de croire en toi.

4. Cherche le bonheur dans la satisfaction d'être utile.

5. Celle qu'il paraît le moins pratiquer.

6. Celle qui gêne le plus la plupart des femmes de son âge.

7. C'est une drôlesse à laquelle tu feras bien de ne pas te fier.

8. Oui, et il le sera tant que tu voudras.

9. Oui, mais ce n'est pas la faute de ta *meilleure* amie.

10. Sois prudent. Ton avenir pourrait être perdu.

66

ORACLE DE MELPOMÈNE

Melpomène, l'une des neuf Muses, déesse de la tragédie, est ordinairement représentée, sous un superbe costume, le visage sévère, chaussée du cothurne, tenant des sceptres et des couronnes dans une main et des poignards dans l'autre.

0. Oui, mais il sera beaucoup trop tard.

1. Garde-t'en bien; il en a trompé bien d'autres.

2. Mes conseils ne te serviraient à rien; tu ne les suivrais pas, père aveugle.

3. Qu'est-ce que cela peut te faire? Dors tranquille.

4. On la sollicite pour qu'elle t'oublie; mais elle résiste.

5. Enquiers-toi de bonnes actions à faire. Les éléments de bonheur ne sont pas si rares qu'on le croit.

6. Il n'en a que de mineures.

7. La douceur de caractère et d'humeur.

8. Je n'en voudrais pas jurer, mais tu ne risques rien à le croire.

9. Ah ! le pauvre nigaud, tu lui feras payer cher cette qualité.

10. Il le sera toujours.

67

ORACLE DE MÉDÉE

Médée, grande magicienne, épousa Jason, à qui, par ses enchantements, elle avait facilité la conquête de la Toison-d'Or. Plus tard, Jason ayant résolu d'épouser Créuse, fille de Créon, roi de Corinthe, Médée fit périr misérablement le père et la fille et massacra même, dans sa rage, les enfants qu'elle avait eus de Jason.

0. On s'occupe de te procurer cette joie.

1. Non, car c'est l'homme sincère et bon par excellence.

2. Oui, car il t'aime plus encore qu'il ne sait le dire.

3. Prends modèle sur ton voisin le plus proche.

8G

4. Tâche de te le persuader; c'est ce qu'il y a de mieux.

5. Elle consulte son miroir pour savoir si elle est en état de plaire... à d'autres.

6. Tâcher de t'adorer un peu moins.

7. Difficile, très-difficile à désigner cette vertu-là!

8. L'égalité d'humeur... surtout quand elle dort.

9. Défie-toi d'elle; une fois engagé plus avant que tu n'es aujourd'hui, il n'y aurait plus de salut pour toi.

10. Non, car il doute de ton amour.

68

ORACLE DE BRISÉIS

La belle Briséis, fille de Brisés, prêtre de Jupiter, ayant été faite captive par les Grecs qui se rendaient au siége de Troie, était échue au fougueux Achille. Agamemnon la lui ayant enlevée, Achille se retira sous sa tente, en refusant de combattre.

0. Quand tu auras fait ce qu'il faut pour cela.

1. Nourricier... oui, bientôt.

2. Jamais, car il t'aimera toujours.

3. Dire est facile, aimer ne l'est pas autant, avec de certaines personnes.

4. Comme ton ami le plus cher les élève.

5. Je crois, en somme, que cela t'est bien indifférent; mais je te réponds cependant : oui !

6. Elle songe en ce moment à tous les mensonges qu'elle t'a dits.

7. Travailler davantage et t'amuser moins.

8. Celle que le questionneur ou la questionneuse voudraient bien avoir.

9. La simplicité d'âme.

10. Oui, mille fois, oui.

69

ORACLE DES CYCLOPES

Les Cyclopes, géants qui n'avaient qu'un œil au milieu du front, étaient les forgerons que Vulcain employait pour forger, dans les grottes du mont Etna, les foudres de Jupiter. Apollon les tua pour venger la mort de Phaéton, son fils, frappé par le père des dieux d'une foudre qu'ils avaient fabriquée.

0. Certes, et ce ne sera pas le premier qui y aura été pris.

1. Tu n'es pas encore mûre pour cette suprême joie.

2. Tu as trop de prétention, si c'est par toi-même que tu espères conquérir ce titre.

3. Non, mais lui n'en pourra pas longtemps dire autant.

4. Tu ne risques rien à l'en croire; il est sincère.

5. Sois à la fois rigoureux et clément; les deux dis-
   positions réunies feront merveille sur eux.

6. Plus que tu ne mérites.

7. Elle cherche à se détacher de toi, car, absent,
   tu n'as pas autant d'empire sur elle.

8. Courir moins après le plaisir, et un peu plus
   après les actions méritoires.

9. D'aimer bien ceux qui l'aiment.

10. La piété exempte d'hypocrisie.

70

ORACLE DE NESTOR

Nestor, roi de Pylos, était fort âgé lorsqu'il alla au siége de
Troie; aussi n'y alla-t-il que comme conseil des Grecs. « C'était,
dit Homère, l'homme le plus éloquent de son siècle; les paroles
qui sortaient de sa bouche étaient plus douces que le miel, pleines
de vérité et marquant la plus haute sagesse. »

0. Il se prêtera à tout ce que tu voudras si tu sais
   être aimable avec lui.

1. Tu voudrais que je disse non, pour avoir le droit
   de m'appeler menteur.

2. Trop amoureuse, ma belle, trop amoureuse!

3. Trop tôt, mon ami, trop tôt.

4. Peut-être; parce que tu n'auras pas su lui témoigner autant d'amour qu'il le voudrait.

5. Jamais on n'a aimé comme il t'aime. Tu peux accepter son amour.

6. Inspire-leur ce respect filial, dans lequel tu n'as jamais brillé.

7. Jusqu'à présent, oui; mais je ne réponds pas de l'avenir.

8. Elle jouit du bonheur de ton absence.

9. Demande cela à quelque pauvre homme de bonne humeur, à quatre-vingts ans.

10. D'être prêt à tout sacrifier pour plaire à celle qui l'aime, ou l'aimera.

71

ORACLE DE SELÉNÉ

Seléné, fille d'Hypérion et de Rhéa, ayant appris que son frère Hélion avait été noyé, se précipita du haut du palais. Ils furent l'un et l'autre changés en astres; certains auteurs grecs les considèrent même comme le soleil et la lune.

0. En faisant beaucoup de concessions.

1. Non, et tu seras bien malheureuse par ta faute.

2. Non, car il est de si facile composition.

3. Ce n'est pas ta faute si tu ne l'es déjà.

4. Patience, on y travaille ardemment.

5. Oui, et les regrets seront bien partagés.

6. Il t'adore; mais hâte-toi de lui laisser voir que tu réponds à son amour; un retard l'éloigne-rait sans retour.

7. Rappelle-toi les ennuis que tu as causés à tes parents, et agis en conséquence du caractère que tu connais à tes enfants.

8. Oui, parce qu'elle croit que tu l'es de ton côté; mais quand elle connaîtra ta conduite, tu verras.

9. Elle trouve assez bon que tu ne sois pas là.

10. Te contenter du nécessaire, et apprécier ton superflu.

72

ORACLE D'ŒNONE

Œnone était une bergère extrêmement belle, qui connaissait la vertu des plantes et prédisait l'avenir. Le berger Pâris fut aimé d'elle; mais, d'humeur inconstante, il s'attacha à la belle Hélène, malgré les prédictions d'Œnone, qui prévoyait tous les malheurs réservés à cet amour. Quand Pâris fut blessé au siége de Troie par une des flèches d'Hercule, il se fit porter auprès d'Œnone, qui le traita, mais qui, n'ayant pu le guérir, expira de douleur.

0. Un numéro excellent... pour le service.

1. En t'occupant davantage d'en-assurer la tranquillité.

2. Il s'y prêtera si bien que tu le ruineras, et que vous finirez ensemble sur la paille.

3. Je ne crois pas; mais, je ne voudrais rien affirmer.

4. Tu aimes trop le plaisir; cela fait empêchement.

5. Quand ta femme le voudra.

6. Non, tant que tu resteras aimable : mais prends garde de vouloir abuser de ton empire.

7. Non, car il ne dit pas un mot de vérité. Il est connu pour cela.

8. Laisse-les s'élever à l'aventure du cœur: ça leur réussira.

9. Ni trop, ni trop peu.

10. Des choses qui ne se disent, ni ne s'écrivent.

73

ORACLE DE CADMUS

Cadmus parcourait le monde, lorsque arrivé en Béotie ses compagnons furent dévorés par un dragon, qui gardait la fontaine où ils étaient allés boire. Cadmus tua ce dragon, dont il sema les dents, desquelles naquirent des hommes tout armés, qui lui aidèrent à bâtir la ville de Thèbes, dont il fut roi.

0. Oui, pour une infirmité qui lui surviendra après le tirage, et qui se guérira ensuite.

1. Le plus fort de tous.

2. En redoublant d'économie et de travail.

3. Non; et ce sera le motif de grandes querelles.

4. Tu sauras bien faire en sorte qu'il n'en ait pas.

5. Tu n'en as pas assez le caractère : la maternité demande quelque préparation de cœur.

6. Tu as trop peur de ne pas l'être : cela retarde ton bonheur.

7. Il aura de ces regrets-là bien avant toi.

8. A quoi bon me consulter, quoi que je puisse te dire tu lui accorderas pleine confiance, et tu t'en repentiras.

9. Punis doucement; exhorte rigoureusement :
   c'est le secret qui convient pour leur naturel.

10. De fait, oui; mais non pas d'intention.

74

ORACLE DE BATTUS

Battus était un berger qui, n'ayant pas su garder le secret que Mercure lui avait confié, fut métamorphosé par ce dieu en pierre de touche. Mercure s'était déguisé pour éprouver la discrétion de Battus.

0. Excellente en apparence, mais en somme peu de rendement.

1. Non; il n'en a aucune cause.

2. Le plus bas du sac... mais il y aura ensuite exemption inattendue.

3. En courant beaucoup moins la prétentaine.

4. Oui, malheureusement pour toi, car la misère viendra.

5. Non; mais ce n'est pas l'envie qui t'en a manqué.

6. Oui, bientôt; mais n'en conçois pas trop de joie;
   Une joie trop vive est funeste.

7. Quand tu voudras; sinon quand tu pourras.

8. Il t'aime trop pour cela, mais défie-toi des conseils qu'on pourrait te donner à cet égard.

10.

9. Oui; mais cet amour ne durera guère.

10. Réforme ton caractère, prêche d'exemple, et tu feras d'eux quelque chose de passable.

78

ORACLE D'ÉPIMÉNIDE

Épiménide, grand prophète des Crétois, s'était, pendant sa jeunesse, endormi un jour en gardant les troupeaux et ne s'était réveillé qu'au bout de cinquante-huit années. Il fit aux Athéniens plusieurs prophéties importantes, et écrivit beaucoup de prédictions.

0. Il réussira à te procurer les plus terribles ennuis.

1. Tes greniers s'empliront, mais sache vendre à temps.

2. Sans doute; on lui trouvera un défaut qu'il voudrait bien ignorer lui-même.

3. Un numéro douteux : la révision seule décidera.

4. En restant à la maison le plus possible, et en montrant plus de douceur d'esprit.

5. Un peu d'abord, mais tu voudras abuser, il se fâchera, et le ménage ira mal.

6. Tu en as plus peur qu'envie.

7. Tu le seras bientôt doublement.

8. Oui, et d'un bébé qui te rappellera toujours ton meilleur ami, tant la mère l'aura bien regardé.

9. Tu regretteras de ne pas l'avoir aimé assez tôt.

10. Laisse-toi convaincre si tu ne l'es déjà : tu n'auras jamais à t'en repentir.

76

ORACLE D'ADMÈTE

Apollon, qui avait reçu l'hospitalité chez Admète, roi de Thessalie, obtint des Parques que le jour où il devrait mourir ce roi serait épargné, si quelqu'un se trouvait pour mourir volontairement à sa place. Ce jour venu, Alceste, femme d'Admète, se dévoua pour son mari qui en conçut un violent chagrin ; mais Hercule alla retirer des enfers ce modèle des épouses.

0. Jamais ; car tu ne sais pas t'y prendre.

1. Cela dépendra de ton autorité et de ton savoir-faire.

2. Récoltes magnifiques détruites par un orage, à la veille de les rentrer.

3. Il lui en coûtera beaucoup d'argent pour tâcher de l'être, mais il ne le sera pas.

4. Entre 7 et 23, ou entre 50 et 110.

5. Par la douceur de caractère et le labeur opiniâtre.

6. Pas le moins du monde, et tu seras grandement malheureuse sur ce point.

7. Non, certes! ou il faudrait qu'il fût bien sot

8. Jamais.

9. Tu le seras, tu l'es, mon cher; sans t'en douter.

10. Jamais aucun chagrin, aucun regret, ne te viendra de lui.

77

ORACLE DE PROTÉE

Protée, fils de l'Océan et de Téthys, avait reçu en naissant la connaissance de l'avenir sur lequel il ne s'expliquait que lorsqu'on savait l'y contraindre. Il avait aussi le pouvoir de changer indéfiniment de forme; il avait reçu ce don pour le soin qu'il prenait de faire paître sous les eaux les monstres marins qui composaient la suite de Neptune.

0. Tu crois donc qu'il t'aime? En ce cas, désabuse-toi bien vite.

1. Elle y sera toute prête : mais tu gâteras tout par ton outrecuidance.

2. Beaucoup, la première année : mais gare à la seconde.

3. Peu de chose, mais l'an prochain te dédommagera.

4. On essayera de le réformer; mais on n'y réussira pas.

5. Au-dessus de 15.

6. En aimant les tiens un peu plus que toi-même.

7. N'y compte pas : il sera très-avare.

8. Il n'est plus temps de me demander cela. Tu le sais bien.

9. Pour un enfant comme pour un livre, il faut un auteur, et ma foi !...

10. Guéris-toi de ce désir : tu aurais une déception.

78

ORACLE D'ÉGÉRIE

Égérie, nymphe de la forêt d'Aricie, près de Rome, épousa, dit Ovide, le roi Numa Pompilius, qui ne gouvernait que d'après ses conseils. Après la mort de Numa, Diane, voyant son affliction, la changea en une fontaine dont les eaux ne tarissent jamais.

0. Il vaut mieux se marier que brûler, a dit l'Apôtre; mais si tu ne brûles pas, diffère encore un peu.

1. Oui, bientôt, il te dira ce qu'il pense... et ce n'est peut-être pas ce que tu penses toi-même.

2. Elle s'en garderait bien; tu n'es pas assez discret.

3. Certainement, car tu as bien choisi.

4. Comme l'an dernier.

5. Toutes les protections n'y feront rien.

6. Un numéro double de celui qu'a tiré son meilleur ami.

7. En faisant quelques sacrifices d'amour-propre.

8. Raisonnablement.

9. Il l'aura, le pauvre garçon, il l'aura; mais tu sauras lui prouver qu'il a eu tort.

10. Avant deux mois tu seras satisfaite.

79

ORACLE D'OMPHALE

Hercule dans ses voyages étant arrivé chez Omphale, reine de Lydie, fut si fort épris de sa beauté et en devint si fortement amoureux qu'oubliant son courage et sa vertu, il se mit, dit-on, à filer auprès d'elle pour lui plaire. Il eut d'Omphale un fils nommé Agésilas qui fut, dit-on, l'aïeul du fameux roi Crésus.

0. Ce ne sera pas d'une maladie d'imagination.

1. Le plus tôt sera le meilleur, car il pourrait t'arriver malheur dans le célibat.

2. Son amour l'étouffe, il ne peut l'avouer : aide-lui.

3. Elle te cédera, oui, mais la place... et ce sera tout.

4. Non, jamais : tu n'es pas apte à ce trafic.

5. Le double de l'année précédente.

6. Oui, et sans s'y attendre.

7. Un numéro équivalent au nombre de ses cousins.

8. En cherchant à plaire à ceux qui vivent avec toi.

9. Il saura te faire passer ce goût, par des moyens violents.

10. Je n'en veux pas répondre... et toi ?...

80

ORACLE D'ANTIGONE

Antigone, fille d'Œdipe et de Jocaste, ayant donné la sépulture au corps de son frère Polynice, tué par son autre frère Étéocle, Créon, son oncle, qui avait défendu que cet honneur fût rendu au jeune prince, ordonna de l'enterrer toute vive. Elle évita ce supplice en s'étranglant, et Hémon, fils de Créon, se tua de désespoir.

0. Heu, heu! Ne parlons pas de ces choses.

1. Je doute que ce soit de la mort des braves.

2. Reste célibataire, car tu ferais deux malheureux.

3. Fais-lui quelques avances, il n'ose pas.

4. Ne t'attends pas à cela : ces victoires-là ne sont pas faites pour des gens de ta force.

5. Renonce, il n'est que temps, à cette ruineuse entreprise, où tu laisserais repos et avoir.

6. Tu le croiras d'abord ; mais tu auras ensuite une déception profonde.

7. Il le sera s'il a droit à l'être.

8. Pour savoir le numéro qu'il tirera : prenez une poignée de pois secs, jetez-la dans un verre d'eau, et comptez ceux qui surnageront.

9. En montrant moins d'exigence et de rigueur.

10. Quand tu seras mariée, tu n'y penseras plus.

31

ORACLE DE COMUS

Comus, dieu de la joie, de la bonne chair, des danses nocturnes, recevait surtout les hommages de la jeunesse dissipée. On le représente la face animée et la tête couronnée de roses, selon la coutume adoptée dans les festins des anciens.

0. Ni de l'un ni de l'autre... Devine si tu peux, et choisis si tu l'oses.

1. Tu feras bien de le croire. C'est mieux.

2. Ta mort ne sera pas celle de tout le monde.

3. Marie-toi bien vite, bien vite, afin de ne plus y penser.

4. Avant peu tu seras la plus heureuse des personnes aimées.

5. Avant peu la place se rendra... mais sauras-tu
profiter de la victoire? J'en doute.

6. Il te mènera tout droit à la faillite.

7. Année moyenne... et ce sera un peu de la faute
d'une économie que tu auras voulu faire.

8. On lui fera un passe-droit, et il devra partir.

9. Bon numéro.

10. En tenant compte de ce qu'on fait pour toi.

82

ORACLE DE CALISTO

Calisto, fille de Lycaon et de la nymphe Diane, fut aimée de
Jupiter qui, pour la séduire, prit les traits de Diane. Junon, irritée de l'infidélité de Jupiter, métamorphosa en ours Calisto et
son fils Arcas; mais Jupiter les plaça dans le ciel, où les astro-
nomes les connaissent sous le nom de *grande* et de *petite ourse.*

0. Il aura la beauté de la mère avec les grâces du
père.

1. La mère sera au comble de son désir.

2. Demande à sa mère. Il faut toujours aller ainsi
aux bonnes preuves.

3. Lente, lente... mais si douce, si douce!...

4. Non, certes, il y a assez de mauvais ménages comme cela.

5. Il y songe, mais tu l'intimides tant! Sois moins sévère.

6. Quitte ce projet, il jetterait trop de larmes dans tes souvenirs.

7. Tu feras d'abord de très beaux bénéfices; mais tâche de ne pas t'éblouir, ou je te prédis une catastrophe...

8. Non; tu n'en tireras pas les frais de culture.

9. Non; il n'y aura aucun moyen de réforme.

10. Le même numéro qu'a tiré son parent le plus riche.

83

ORACLE D'ARACHNÉ

Arachné, habile à travailler en broderie, osa défier Minerve, qui, le défi accepté, et voyant que sa rivale l'emportait sur elle, la frappa de dépit d'un coup de navette sur la tête. Arachné se pendit de désespoir; les dieux la métamorphosèrent en araignée, animal qui ourdit de si remarquables réseaux.

0. Cela dépendra de l'éducation que tu sauras lui donner.

1. Il n'aura aucun trait de son père... nourricier.

2. Papa sera satisfait.

3. Puisqu'elle t'a dit que oui. Que viens-tu me demander?

4. De la plus belle de toutes... s'il y en a de belles.

5. Pourquoi faire? Pour perdre tes illusions; non, garde-les.

6. Son amour ne serait pas difficile à déclarer, et il n'y pense guère.

7. Je t'engage à n'avoir pas l'air de le croire, ni même de le désirer, et tu réussiras bientôt.

8. Oui, beaucoup... mais une concurrence s'élèvera qui causera ta ruine.

9. A peine rentreras-tu dans tes déboursés d'ensemencement.

10. Je crois bien! quand on le verra, comme on voit les conscrits les jours de révision.

84

ORACLE DE POLYXO

Polyxo était une prêtresse d'Apollon qui rendait des oracles au nom de ce dieu dans le temple qu'il avait à Lemnos. Les Lemniens, au retour d'une expédition en Thrace, ayant ramené des femmes étrangères avec eux, Polyxo excita les Lemniennes à massacrer leurs maris, et ce massacre s'accomplit.

0. Pourquoi faire ? Tu ne saurais pas t'en servir.

1. Il sera riche à millions, et ne t'en donnera pas un liard : tu lui auras si bien prêché l'économie.

2. Il ressemblera fort à un ami de la maison... effet d'imagination maternelle.

3. Masculin, si tu promets de le nommer Chrysostôme; féminin, si tu consens à lui donner le nom d'Anastasie.

4. Demande aux registres de l'état civil.

5. Sans souffrir, et en croyant vivre encore bien longtemps.

6. Je ne te le conseille pas. Tu es bien comme tu es.

7. Oui, mais n'en crois pas le premier mot, il voudra se moquer de toi.

8. N'y compte pas; car elle sait que tu ferais mau·
vais usage de ses faveurs.

9. Pas le moins du monde, et par là faute de l'un
de tes proches.

10. Tu y auras de tout à profusion.

85

ORACLE DE TITAN

Titan était fils du ciel et de Vesta et frère aîné de Saturne, auquel il avait cédé ses droits à la condition qu'il ferait périr tous
ses enfants mâles, afin que l'empire du ciel lui revînt.

0. Elle trouve que tu cherches à le paraître.

1. Tu en as trouvé plus d'un que tu n'as pas su apprécier.

2. La même que la tienne, qui que tu sois

3. Ni à l'un ni à l'autre; ce n'est pas nécessaire
pour lui.

4. Jette une pièce en l'air : pile sera garçon, face
sera fille.

5. Qu'est-ce que cela peut te faire?

6. Tu t'endormiras un beau soir pour te réveiller
heureux ailleurs.

7. Sans doute, il le faudrait; mais as-tu conscience

des devoirs que le mariage impose? Non, pas encore : reste donc célibataire.

8. Il te déclarera bientôt que cet amour à peine commencé est déjà fini; et tu seras bien avancée.

9. Elle s'y prépare... Prépare-toi aussi.

10. Non, car tu n'y prendras pas assez soin de tes affaires.

86

ORACLE DE PENTHÉE

Penthée, roi de Thèbes, méprisait les dieux à ce point que lorsque Bacchus passa par ses États, au lieu d'aller au-devant de lui, il ordonna qu'on le lui amenât enchaîné. Bacchus, pour se venger, inspira à la famille de Penthée une telle fureur qu'elle mit ce prince en pièces.

0. Elle a déjà passé vingt fois devant toi sans que tu la remarques.

1. Pas autant que toi-même.

2. Regarde autour de toi; il y en a un tout trouvé : sache ne pas le méconnaître.

3. Je ne saurais le dire au juste, car il y aura bien des fluctuations.

Il aura le nez de l'un, la bouche de l'autre, et les yeux de... Oh! qu'allais-je dire?

5. Un garçon splendide.

6. Oh! oui, mille fois oui!... c'est au moins ce qu'il faut que tu croies.

7. Au temps où l'on pendait, j'aurais pu te répondre.

8. Oui, si tu trouves un honnête parti; mais prends bien tes précautions pour n'être pas abusé.

9. Jamais; il mourra sans l'avoir avoué.

10. Ne lui demande rien, elle te donnera tout.

87

ORACLE DE SÉMÉLÉ

Sémélé, fille de Cadmus et d'Harmonie, ayant plu à Jupiter, donna le jour à Bacchus. Sur le conseil perfide de Junon, elle voulut que son amant vînt la voir dans toute sa gloire; mais son palais ayant été embrasé, elle périt dans cet incendie.

0. Oui, mais je t'en avertis; encore que cela te soit égal, ce ne sera pas pour le bon motif.

1. Jamais, car tu ne sais pas comment tu la veux.

2. Crois-tu sérieusement que ce soit possible?

3. Oui, certain soir, dans un vieux tiroir de vieux meuble, au fond d'une vieille maison.

4. Médiocre... mais honorable par la façon dont il aura fait sa condition

5. Au plus aimable... étant juge le parrain.

6. Une fillette adorable.

7. Si je te répondais non, tu serais malheureux ;
sois heureux, mon bonhomme !

8. Elle sera trop douce par les péchés que tu as
commis.

9. Marie-toi ou reste célibataire, et nul ne s'en por-
tera plus mal.

10. Je ne le pense pas ; mais je me demande, à la vérité, si cet amour existe.

88

ORACLE D'HECTOR

Hector, fils de Priam, roi de Troyes, et mari d'Andromaque,
combattit pendant le fameux siége contre Achille, qui le vainquit
et traîna trois fois son corps autour des murailles.

0. Oui, si tu penses y trouver une diversion.

1. On ne tardera pas à se moquer de toi.

2. Elle est tout près de toi : regarde bien, tu la
verras.

3. Elle le voudrait... mais... mais elle n'y réussit
pas.

4. Compte là-dessus ; endors-toi sur l'avenir... et
tu verras merveille.

5. Il n'aura jamais grand train; mais il saura se contenter de peu : c'est tout ce qu'il faut.

6. A tous deux un peu : le ménage est si bien uni!

7. Du sexe qu'idolâtre son père.

8. Consulte la voix du sang, elle n'a jamais dit que des choses croyables.

9. Dans un bon lit, un beau soir, en faisant un beau rêve.

10. C'est ce que tu peux faire de mieux... pour toi, — car je n'affirme rien pour l'autre conjoint.

89

ORACLE DE MENTOR

Mentor était, dit-on, un des plus fidèles amis d'Ulysse, qui, en partant pour le siége de Troie, lui confia le soin de sa maison. Lorsque Télémaque, fils d'Ulysse, partit pour aller à la recherche de son père, Minerve prit la figure de Mentor pour accompagner et guider le jeune prince dans les voies de la vertu.

0. Songe, mensonge.

1. Garde-les : c'est une occupation d'esprit qui vaut bien celle à laquelle tu te livrerais, si tu ne les avais pas?

2. En vaux-tu la peine?

3. Attends; rien ne presse.

4. Tu la crois donc aveugle? Elle est loin de l'être cependant.

5. Travaille, et laisse ces chimériques espérances aux paresseux incorrigibles.

6. Merveilleuse, étourdissante; on parlera beaucoup de lui, trop peut-être.

7. Au plus méchant des deux.

8. Du même sexe que l'enfant qui est né en dernier lieu dans le cercle de tes amis.

9. Oui, s'il ne te ressemble pas, et peut-être s'il te ressemble.

10. Dans les bras de l'amour... Plains-toi !

90

A

ORACLE D'HÉBÉ

Hébé, déesse de la jeunesse, était chargée de verser à boire à Jupiter. Un jour, étant tombée en présence des dieux, elle n'osa plus paraître devant eux. Jupiter mit Ganymède en sa place et Hercule l'épousa.

0. Comme tu as eu soin de celle de tes parents

1. On a vu des rêves moins dignes de foi.

2. Quand tu voudras.

3. On ne courtise que pour tromper. Prends garde.

4. Oui; mais tu ne lui plairas pas.

5. Elle te trouve magnifique... de fatuité.

6. Garde-toi d'en douter : il y en a un de caché dans un endroit où tu vas tous les jours plutôt deux fois qu'une.

7. Une bonne fée a présidé à sa naissance. Je lui vois toutes les satisfactions matérielles et morales.

8. A la mère si c'est un garçon, au papa si c'est une fille.

9. Garçon, s'il pleuvait le jour où il fut *commandé;* fille, s'il faisait beau.

10. Si tu aimes la mère, tu ne doutes pas. Si tu doutes, c'est que tu ne l'aimes pas; et alors pourquoi ne t'aurait-on pas trompé?

91

ORACLE DE FAUNE

Faune, fils de Mars, introduisit, dit-on, en Italie le culte des dieux de la Grèce. Il rendait ses oracles dans une verte forêt, près de la fontaine Albunée. Les Romains lui rendaient les mêmes honneurs que les Grecs au dieu Pan.

0. En te débarrassant de ta mauvaise humeur coutumière.

1. Tu n'auras pas besoin de leurs soins, pour des raisons que je ne veux pas dire.

2. Peut-être, mais en l'interprétant avec ingéniosité.

3. Oui, bientôt... mais pour recommencer de plus belle.

4. Tu seras adulée jusqu'à ce qu'on n'ait plus rien à espérer; et alors!...

5 Non : car il faudrait qu'on en fabriquât une exprès.

6. Qu'importe, si tu lui plais.

7. Achète une propriété de rapport; fais-la bien remuer partout... et tu seras sur la piste du trésor.

8. Matériellement, excellente; moralement, bien triste.

9. Au père pour la couleur des cheveux, à la mère pour le reste.

10. Du même sexe que le plus amoureux de ses auteurs.

92

ORACLE D'ÉOLE

Éole, descendant de Deucalion, était considéré comme le dieu des vents qu'il tenait enfermés dans les îles vulcaniennes, et qu'il déchaînait quand les dieux supérieurs le lui commandaient.

0. Cela ne dépend que de toi, tu le sais bien.

1. En lui en rendant le séjour agréable.

2. Ne t'y fie pas : tâche d'être garanti contre l'ingratitude, qui n'est pas rare de nos jours.

3. Pourquoi la nuit te serait-elle meilleure conseillère que le jour?

4. Ils ne finiront qu'avec toi.

5. Ils seront deux à le faire. Tu coquetteras, et resteras seule.

6. Bientôt, mais, encore que tu lui conviennes, elle ne saurait être à toi.

7. Oui, mais tu sais bien que la beauté est chose de convention.

8. Oui; mais on te l'enlèvera par autorité de justice, et nul n'en profitera.

9. Il faut attendre, son sort n'est pas encore définitivement arrêté là-haut.

10. A celui des deux qui est maître dans la maison.

93

ORACLE DE NÉRÉE

Nérée, dieu marin, était fils de l'Océan et de Téthys. On le représente comme un vieillard doux et pacifique, qui aimait la justice et la modération. Très-savant en l'art de lire dans l'avenir, il prédit à Pâris les maux qu'il causerait à sa patrie, par l'enlèvement d'Hélène.

0. Oui, si la commère est jolie... On ne sait pas ce qui peut arriver.

1. Espère, et travaille sans te lasser; c'est le moyen d'y arriver.

2. En le menaçant de sortir avec lui.

3. Oui, si tu as su leur inspirer le respect et l'amour de la famille.

4. Tu voudrais bien y croire; mais tu aurais tort.

5. Quelqu'un s'offre à les dissiper, et tu refuses.

6. Hélas! On s'y prépare (je dis hélas! pour le courtisan).

7. Trop tôt, pour ton malheur et le sien.

8. Elle va répétant partout que tu n'as pas ton pareil.

9. Un tout petit, qui tiendrait dans la main.

10. Il sera grand, honoré, respecté... mais aura-t-il le vrai bonheur?... J'en doute.

94

ORACLE D'ACIS

Acis fut aimé de la nymphe Galathée, mais il eut pour rival le terrible géant Polyphème, qui, l'ayant surpris un jour avec la nymphe, lança sur lui un énorme rocher, dont le malheureux amant fut écrasé. Les dieux le métamorphosèrent en divinité des eaux.

0. Il s'y plairait mieux, si tu y restais davantage.

1. Si le père t'en prie, tu ne peux refuser.

2. Non, car elles sont au-dessus de tes moyens personnels, et nul ne t'aidera.

3. En lui prouvant par mille petits soins qu'il ne saurait mieux trouver ailleurs.

4 Avec la meilleure volonté, ils ne le pourront pas.

5. Crois si tu veux : il n'en arrivera ni plus ni moins.

6. Confie-les à beaucoup de gens : on en rira, et tu verras qu'ils n'ont pas l'importance que tu crois.

7. Tu l'es sans t'en douter.

8. Encore quelques années de patience.

9. Oh! le plus beau des beaux!... L'amour a un bandeau.

10. C'est fini. Il n'y en a plus de cachés.

95

ORACLE D'OGYGÈS

Ogygès, premier roi connu de la Grèce, était fils de Neptune, selon les uns, de la Terre, selon les autres ; ce qui dans un cas signifie qu'il était venu en Grèce par la mer, et dans l'autre cas qu'il y était né. Les Grecs appelaient de son nom tout ce qui était d'une grande antiquité ou passait les bornes ordinaires de la vie.

0. En travaillant, sais te lasser.

1. Oui, mais efforce-toi de lui rendre la vie plus douce : la convoitise pourrait l'en faire sortir.

2. Non, car si l'enfant allait te ressembler !...

3. Peut-être t'arrivera-t-il quelque secours, sans quoi tu n'en viendrais pas à bout.

4. Tâche qu'il devienne jaloux : il restera pour te surveiller, et reconnaîtra qu'il est bien auprès de toi.

5. Non, car tu leur rendras impossible par ton caractère l'accomplissement de ce devoir.

6. Combien de fois as-tu vu tes rêves s'accomplir? Je n'ai pas d'autre réponse à te faire.

7. Ce serait déjà fait, si tu étais raisonnable.

8. Oui, et la tête te tournera, et... et... tant pis pour toi! tu l'auras voulu.

9. Oui, mais regardes-y de bien près, sans quoi tu seras victime de ses artifices.

10. Elle en connaît de plus agréables.

96

ORACLE DE PYRRHUS

Pyrrhus, fils d'Achille et de Deidamie, fut chargé par les Grecs réunis devant Troie d'aller décider Phyloctète à venir au siége avec les flèches d'Hercule. Ce fut lui qui ensuite, le jour du saccage, tua de sa main le vieux roi Priam, et ensuite emmena comme esclave la veuve d'Hector, Andromaque, qu'il aima au mépris de son épouse Hermione, qui le fit tuer de jalousie.

0. Tu atteindras le même âge que le père du père de ton grand-père maternel.

1. Sois tranquille, elle viendra sans que tu t'en doutes.

2. Elle s'y plaît surtout quand tu n'y es pas : toi qui n'es jamais content de rien.

3. Cela dépendra d'un événement qui va bientôt arriver.

4. Oui, et plus tôt que tu ne penses, et par un moyen que tu ne sais pas.

5. Sois plus économe, et moins coquette.

6. Ils y feront leur possible, sois tranquille.

7. Non, pas pour l'accomplissement; mais peut-être est-ce un avis que ton esprit te donne. Fais-en ton profit.

8. Non; car ils ne font que commencer.

9. Songe donc plutôt à demander à Dieu le pardon du plaisir que tu as trouvé à l'être déjà.

10. Actuellement tu la détestes, et elle t'adore : bientôt tu l'adoreras et tu seras détesté par elle.

97

ORACLE D'ACTÉON

Actéon, fils du berger Aristée et petit-fils de Cadmus, étant un jour à la chasse, surprit et regarda Diane qui se baignait avec ses nymphes; la déesse, pour le punir de son indiscrétion, le métamorphosa en cerf, et ses propres chiens le dévorèrent aussitôt.

0. Parce que vous désirez trop en avoir.

1. Je n'aime pas à me prononcer sur ces questions-là.

2. En redoublant de labeur et d'économie

3. Oui, mais n'y introduis pas des intimes qui pourraient l'en dégoûter.

4. Je ne te le conseille pas : il t'en arriverait des ennuis de la part du père.

5. Intégralement; mais dans beaucoup de temps seulement.

6. Prends-le par la bouche, il y est sensible.

7. Tu auras trop compté sur eux, et tu éprouveras une cruelle déception.

8. Je ne t'y engage pas : on se moquerait de toi.

9. Il ne tiendrait qu'à toi d'en être débarrassé... mais ton humeur noire les ravive à mesure qu'ils veulent s'éteindre.

10. Oui, mais pas longtemps ; car on verra qu'on s'adresse mal.

98

ORACLE D'OILÉE

Oilée, père d'Ajax, fut un des compagnons d'Hercule dans ses travaux. En donnant la chasse aux oiseaux du lac Stymphale, il fut dangereusement blessé. Quelques auteurs le mettent encore au nombre des Argonautes ou compagnons de Jason, pour la conquête de la Toison-d'Or.

0. Plus que tu ne voudras, car on y travaillera même pour toi.

1. Que ne demandez-vous pourquoi les pommiers épuisés ne portent pas de pommes?

2. Assez longtemps pour causer des ennuis à ceux qui t'entourent.

3. En prenant pour modèles ceux qui arrivèrent honnêtement.

4. Oui; mais tu devras lui en faire un mérite, si tu veux qu'elle continue.

5. Comme tu voudras. Rien pour, rien contre.

6. En partie seulement, mais on te tiendra quitte du reste.

7. En lui disant du bien des personnes que tu le soupçonnes d'aller voir.

8. Le plus grand soin imaginable. Tu n'auras jamais été aussi heureux.

9. Oui, mais au rebours.

10. Une grande joie les mettra bientôt ex fuite.

99

ORACLE DE NIOBÉ

Fille de Tantale et épouse d'Amphion, Niobé eut un grand nombre d'enfants dont elle était fière à ce point de mépriser Latone qui n'en avait que deux. La déesse irritée chargea Apollon et Diane de la venger. Ceux-ci firent périr tous les enfants de Niobé, qui fut ensuite changée en rocher humide.

0. Aussi longtemps que tu seras bonne.
1. Un seul; mais qui en vaudra plusieurs par sa
    gentillesse et la grande fortune qui l'attend.
2. Parce que vous ne savez pas vous y prendre
    comme il faut pour les commander au fa-
    bricant.
3. Plus que tu ne crois; mais peut-être pas autant
    que tu le voudrais.
4. Il est des pays où l'on n'arrive jamais.
5. Pas beaucoup; et c'est ta faute.
6. Tout de suite : c'est une bonne alliance pour un
    jour éloigné.
7. Non; et tu seras rudement malmené par ton
    créancier, que tu crois le plus traitable.
8. En lui paraissant satisfaite du sort qu'il t'assure,
    et dont tu te plains sans cesse.
9. J'en doute, s'ils ont ton caractère.

10. Prends-en le contre-pied; et ce sera peut-être un sage avertissement.

100

ORACLE DE THÉMIS

Thémis, fille du Ciel et de la Terre, ou d'Uranus et de Titon, était sœur aînée de Saturne et tante de Jupiter. Elle se distingua par sa prudence et par son amour pour la justice, dont elle fut considérée comme la déesse.

0. Ils te rendront celle que tu as causée à tes parents.

1. Tu as déjà cru l'être trop longtemps.

2. Deux ou trois, qui te donneront autant de chagrin que douze.

3. Parce que le moule est mauvais apparemment.

4. A faire croire que tu descends directement de Mathusalem.

5. En faisant bon usage du temps, et en visant toujours au même but.

6. Elle ne demande qu'à en sortir : elle a martel en tête.

7. Accepte, et sois large dans les cadeaux : c'est tout ce qu'on attend de toi.

8. Tu devras toute ta vie : tu es né pour ce rôle.

9. Fais qu'un enfant l'y retienne.

10. Non; mais c'est que tu ne les auras pas su préparer à cette tâche

FIN

PARIS. — IMPRIMERIE CH. BLOT, RUE BLEUE, 7.

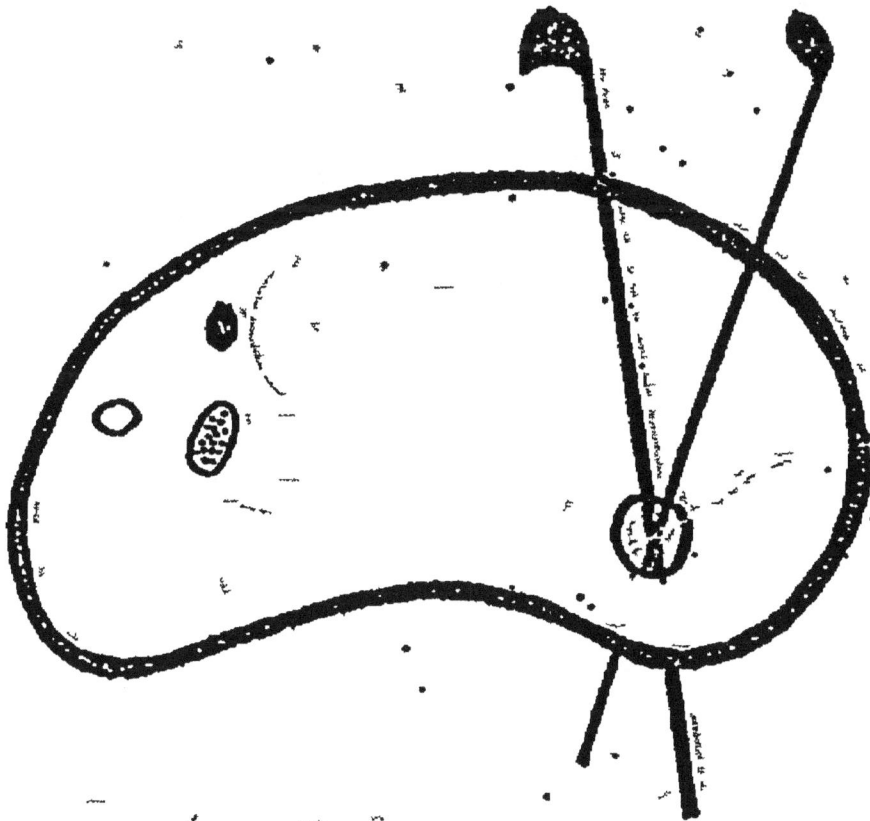